技工院校公共基础课系列教材

新时代职业院校
劳动教育教程

主　编　龙　波

副主编　刘科中　蒋凌雪　吴小武
　　　　李　敏　王　超

参　编　陈　桦　周平昭　陈　兰
　　　　罗亚杰　刘金宝　杜上宇
　　　　徐孝娅　刘思嘉

西安电子科技大学出版社

内 容 简 介

　　本书旨在培养学生树立正确的劳动观念，提高劳动素质，增强劳动技能，为未来的职业发展打下坚实的基础。本书介绍了劳动的基本概念和理论，包括劳动与劳动观、劳动教育、"三种精神"等，以帮助学生对劳动有更深入的理解；同时加入了劳动技能和实践操作方面的内容，通过各种实际操作练习和实践项目，让学生掌握基本的劳动技能。

　　本书可作为职业院校劳动教育课程的教材，也可作为企业机构进行劳动知识与劳动技能训练的参考资料。

图书在版编目 (CIP) 数据

新时代职业院校劳动教育教程 / 龙波主编 . -- 西安：西安电子科技大学出版社，2024. 8 (2025. 7重印). -- ISBN 978-7-5606-7351-6

Ⅰ . G40-015

中国国家版本馆 CIP 数据核字第 202439CB03 号

策　　划　李鹏飞　刘统军
责任编辑　李鹏飞
出版发行　西安电子科技大学出版社 (西安市太白南路 2 号)
电　　话　(029) 88202421　88201467　　　　邮　　编　710071
网　　址　www.xduph.com　　　　　　　　　电子邮箱　xdupfxb001@163.com
经　　销　新华书店
印刷单位　咸阳华盛印务有限责任公司
版　　次　2024 年 8 月第 1 版　　2025 年 7 月第 3 次印刷
开　　本　787 毫米 × 1092 毫米　1/16　印 张　10.5
字　　数　220 千字
定　　价　32.00 元

ISBN 978-7-5606-7351-6

XDUP 7652001-3

*** 如有印装问题可调换 ***

PREFACE 前　言

随着社会的进步和科技的发展，劳动教育在当今社会扮演着越来越重要的角色。它不仅是对学生进行实践能力和创新精神培养的重要途径，也是促进学生全面发展和实现个体价值的重要手段。编者根据学生的认知特点和学习规律，结合劳动教育的实际情况，编写了本书，旨在为学生提供全面、系统的劳动知识与实践指导，培养他们的劳动意识、劳动技能和创新精神，提高他们在未来职场中的竞争力。

本书具有以下特点：

(1) 注重实践性和应用性。本书内容注重实践操作和实践应用，通过各种实际操作练习和案例分析，让学生能够亲身体验和实践，提高动手能力和解决问题的能力。

(2) 注重综合素质的培养。本书不仅注重劳动技能的培养，更强调将情感、思想和行为融入劳动活动中，从而更好地培养学生的综合能力。

(3) 贴近生活实际。本书内容贴近学生的生活实际，通过与日常生活相结合的案例和问题情境设计，让学生能够更好地理解和运用所学的知识和技能。

(4) 注重创新，实用性强。本书鼓励学生发挥创新精神，提供大量的实操练习，通过引导学生自主劳动、团结协作，培养学生的创新意识和实践能力，帮助学生掌握实际劳动中的操作技巧和解决问题的方法。

通过本书的学习，学生将能够全面了解劳动知识，掌握劳动技能，提高综合素质，为未来的职业发展打下坚实的基础。

本书的编写得到了许多专家和一线教师的支持和帮助，在此表示衷心的感谢。同时，也希望广大读者能够提出宝贵的意见和建议，以便我们不断改进和完善本书。

编　者

2024 年 4 月

CONTENTS 目　录

01

第一章　劳动与劳动观

第一节　马克思主义的劳动观

　　马克思主义关于劳动的相关理论是马克思主义理论的出发点和落脚点。从某种意义上说，马克思主义整个思想体系是围绕着劳动问题展开的。其中，马克思在《1844年经济学哲学手稿》中提出了著名的"异化劳动"概念，并通过研究和分析，得出了一系列经典的哲学、法学、经济学、管理学等相关判断和论述。《资本论》围绕劳动的本质、物质劳动与精神劳动、劳动的意义等展开论述，从唯物史观的角度，以劳动为中心来看待和分析人类社会的历史演变，把整个世界历史看作是人通过劳动而诞生的过程。可以说，马克思主义的劳动观是贯穿马克思主义理论体系结构的红线，是马克思主义理论的基石，也是马克思主义理论的轴心。时至今日，马克思主义的劳动观仍然具有十分重要的意义。

一、劳动的本质和主体

　　劳动既把人同动物区别开，把人从自然界中提升出来，又把人与人类社会同自然界紧密地联系起来。劳动是人类的本质活动，它使人类获得了自己的本质，把自己与其他动物从根本上区别开来。人通过劳动改变自然，创造了属于人自己的物质生活条件。

（一）劳动的本质

　　马克思与恩格斯认为："劳动创造了价值。"教育与生产劳动相结合的思想，是马克思主义教育学说的重要内涵。在《资本论》中，马克思从劳动价值观的视角对劳动本质进行了探讨，他认为劳动本质是基于劳动者立场，目的在于促进劳动者的全面发展。青年学生要肩负起中华民族的未来，实现中华民族伟大复兴的中国梦，离不开"学习、实践、创造、职业、发展"这五个人生关键词，而这些正是马克思主义理论体系中劳动本质理论不可或缺的要素。厘清劳动与学习、实践、创造、职业及发展之间的内在关系，深入认识和理解劳动的本质，对于学生树立正确的劳动价值观、促进其全面发展，推动我国教育事业的改革和发展，培养社会主义建设者和接班人具有重要的指导意义。

1. 劳动与学习

马克思说，劳动是人类的本质；学习是人类生存的本能。乌申斯基则提出，学习是劳动，是充满思想的劳动。面对飞速发展的现代社会，学习使劳动走向信息化、网络化、数据化、科学化，二者的共生关系越来越紧密。

劳动与学习相辅相成，二者共同影响着我们的工作和生活。一方面，学习作用于劳动，学习新知识、新技能可以帮助我们更好地从事劳动实践；另一方面，劳动反作用于学习，在劳动的过程中，我们可以发现新问题，认识到自己的不足，使学习更具针对性。要培养有社会主义觉悟的有文化的劳动者，必须实行教育与生产劳动相结合的方式。从某种程度上说，青年学生要一边学习，一边劳动；既要搞好学习，又要搞好劳动。青年学生在学校学习的过程，实质上就是知识化的过程，同时也是劳动化的过程。劳动助力学习主要包括以下四个方面：劳动有助于明确学习目标与任务；劳动有助于认识学习的价值与意义；劳动有助于探索学习方式与途径；劳动有助于缓解学习压力。

2. 劳动与实践

劳动来源于实践，实践包含劳动，二者均是指向人的活动。劳动是人类创造物质财富和精神财富的活动；实践是人们有意识地改造自然和改造社会的活动。可见，它们的概念都包含主体（人）、客体（自然与社会）。劳动与实践的结构概念是基本一致的，都有体力和脑力的付出，都能创造物质财富和精神财富。

从狭义上看，并不是所有的实践都是劳动，而劳动是实践的一种。在商品经济里，劳动专指创造商品的活动，即只有那些能够生产出用于交换的劳动产品（商品）的活动。此时劳动的目的性、指向性、功能性更为具体和明确。但是，实践的包容性更大，即使是在商品经济时代，实践也是从非商品实践开始的，因为人类的社会生产不只有商品生产，还有非商品生产。

3. 劳动与创造

"人有两个宝，双手和大脑。双手会做工，大脑会思考。用手又用脑，才能有创造。"创造的发生离不开劳动。劳动可以使创造更具象，因为创造不是凭空想象，而是在劳动过程中的创新行为。这种创造的发生并非偶然，它是劳动从量变走向质变的过程。劳动本身就是一种创造性的活动，世界上无数的发明成果皆由劳动创造。教育家陶行知曾经说过，在劳力上劳心，是一切发明创造之母。事事在劳力上劳心，便可得事物之真理。这句话充分道出了发明创造与劳动的直接关系。如果没有劳动，便没有创造，人类根本不会创造出当下如此灿烂辉煌的物质财富和精神财富。

习近平总书记非常重视高素质劳动者、创造型人才，他在讲话中多次提到"劳动"与"创造"：劳动者素质对一个国家、一个民族发展至关重要，劳动者的知识和才能积累越多，创造能力就越大；让劳动光荣、创造伟大成为铿锵的时代强音；教育孩子们从小热爱劳动、热爱创造，通过劳动和创造播种希望、收获果实；把蕴藏于工人阶级和广大劳动群众中的无穷创造活力焕发出来。实干与创造在习近平总书记的"劳动观"中是相辅相成的。在《摆脱贫困》一书中，习近平总书记写道："农村劳动力如果继续束缚在原有规模的耕地上，倚锄舞镰，沿袭几千年来日出而作、日落而息的耕作老传统，进行慢节奏、低效率的生产劳动，那就不是一件好事。反之，用改革开放的眼光来看待劳动力的大量转移这件事，会惊喜地发现，我们又获得了一种极其宝贵、可待开发、可能创造巨大价值的崭新资源。"可见数以万计的劳动资源为创造提供了动力，并产生了更高的效率。

4. 劳动与职业

苏霍姆林斯基认为，脱离劳动，没有劳动，就没有也不可能有教育。劳动教育对于学生未来的职业发展尤为重要。劳动是人类的本质活动，职业是个体与社会建立联系的桥梁，二者的有机结合能使青年学生获得关于劳动、职业的基本认知，使其形成初步的劳动情感、职业理想和职业伦理，进而为青年学生职业生涯的规划和人生理想的实现提供指导。同时，从劳动的价值来看，良好的劳动习惯和积极的劳动态度可以有效提升学生的职业发展空间。职业教育是劳动教育的专业版，是与劳动操作密切相关的专业教育，其培养目标本身包含工作或劳动技能的培育。职业教育培养的是面向生产一线、从事专业劳动和专业生产的技术技能人才，其中既包括实体经济中生产物质资料的技术技能人才，也包括服务业中提供生产性服务和生活性服务的技术技能人才。因此，职业教育的劳动是与生产实践和专业发展结合起来的。

5. 劳动与发展

劳动是实现学生全面发展的重要途径，学生的发展最后都应落实到劳动中来。"德、智、体、美、劳"是学生全面发展的五大要素，缺一不可。只有当德、智、体、美践行于劳动中时，人才能真正地实现全面发展。由此可见，劳动在人的终身发展中，特别是在青少年全面、自由的发展过程中起到了至关重要的作用。

人的任何一种思想认识或感受，都来源于劳动实践。劳动实践的机会越多，认识或感受便越深。通过劳动，人的道德品质能够得到不断提高。同时，劳动还能促进智力发展。现代科学已经证明，良好的动手能力是智力发展的重要基础。各种不同形式、不同内容的劳动，特别是那些比较复杂的劳动，不仅需要大脑下达命令，而且需要人体各器官协调配合，从而实现劳动效率的提高。由此可见，劳动能训练学生手脑并用的能力，有利于促进智力的发展。

民生在勤，勤则不匮。改革开放以来，在中国共产党的领导下，全国各族人民发挥主人翁精神，用自己的辛勤劳动创造了一个又一个奇迹。因此，从某种程度来说，劳动是发展的基础，劳动成就了发展。而发展也会反作用于劳动，提高劳动效率、变革劳动方式，促进社会的发展。

（二）劳动的主体

劳动的主体是人。正是劳动，彻底将人与猿区别开来。恩格斯在《劳动在从猿到人转变中的作用》中指出："我们的祖先在从猿到人的好几十万年的转变过程中，逐渐摆脱行走时用手帮助的习惯，逐渐使自己的双手适应了一些动作，手变得自由了，能够不断获得新的技巧""手不仅是一种劳动的工具，而且手也是劳动的产物"。人类在漫长的进化过程中，要用手去劳动，在劳动的过程中，由于手要和日新月异的动作相适应，这样便引发了肌肉、韧带以及骨骼的变化，人类的手才能像今天一样完善。会使用和创造劳动工具把人类社会和猿群彻底区分开来，劳动使人直立行走，劳动还创造了语言。

二、劳动与人类和社会发展

在马克思主义经典著作中，关于劳动的论述很多。从某种程度上讲，马克思主义的整个思想体系是围绕着劳动问题展开的。比如，《1844年经济学哲学手稿》提出了"异化劳动"，《德意志意识形态》提出了"物质生产劳动"，《资本论》和其他很多手稿则是围绕"雇佣劳动""剩余劳动""自主劳动"等展开论述的。

（一）劳动与人类

马克思在《1844年经济学哲学手稿》中指出："正是在改造对象世界中，人才真正地证明自己是类存在物。这种生产是人的能动的类生活。通过这种生产，自然界才表现为他的作品和他的现实。因此，劳动的对象是人的类生活的对象化：人不仅在意识中那样理智地复现自己，而且能动地、现实地复现自己，从而在他所创造的世界中直观自身。"正是劳动，彻底将人与猿区别开来。恩格斯在《劳动在从猿到人转变过程中的作用》中指出："其实劳动和自然界一起才是一切财富的源泉，自然界为劳动提供材料，劳动把材料变为财富。但是劳动还远不止如此。它是整个人类生活的第一个基本条件，而且达到这样的程度，以致我们在某种意义上不得不说：劳动创造了人本身。"所以，劳动是人类赖以生存、发展的决定力量。

（二）劳动与社会发展

马克思在《德意志意识形态》一书中指出："我们首先应当确定一切人类生存的第一个前提，也就是一切历史的第一个前提，这个前提是：人们为了能够'创造历史'，必须能够生活。但是为了生活，首先就需要吃喝住穿以及其他一些东西。因此第一个历史活动就是生产满足这些需要的资料，即生产物质生活本身，而且正是这样的历史活动，一切历史的一种基本条件，人们单是为了能够生活就必须每日每时去完成它，现在和几千年前都是这样。"在马克思看来，劳动是"一切历史的基本条件"，有了劳动，有了满足人类生存必需的前提，才产生了生活和历史。马克思从唯物主义立场出发，充分肯定了劳动对于整个人类和人类历史的重要意义。他进一步强调这一简单事实："任何一个民族，如果停止劳动，不用说一年，就是几个星期，也要灭亡，这是每一个小孩都知道的。"

（三）劳动与人的发展

无论是自然界、人类社会还是人的思维都在不断地运动、变化和发展；发展的实质是事物的前进和上升。人类社会的发展是前进性与曲折性的统一。实践是指人能动地改造客观世界的物质活动，是人特有的对象性活动。人的实践活动具有自主性，人通过实践不但能够认识客观规律，而且能够利用客观规律，使客观规律为人所用。同时，实践还具有创造性，它创造出按照自然规律本身无法产生的事物。实践的自主性和创造性一起，共同体现了人的主体性特征。

马克思以异化劳动理论为基础，尖锐批判了资本主义社会的异化扭曲人的本质。在私有制条件下，本应是"自由自觉的活动"的生产劳动却变成了异化劳动，劳动本身成为劳动者的一种异己的力量。从本质上看，劳动异化折射出的恰恰是因私有制而导致的无产阶级和资产阶级的对立。在马克思看来，未来的共产主义社会消灭了旧式的社会分工，消灭了异化劳动，将人的本质重新还给人，从而实现人的自由全面发展。正是在以上论述的基础上，马克思深刻指出，生产劳动同智育和体育相结合，不仅是提高社会生产的一种方法，而且是造就全面发展的人的唯一方法。

▐▶ **看一看**：前往校史馆了解我们学校的发展历程(分校区自定)。

▐▶ **说一说**：

(1) 作为学校的一分子，我们应该怎样维护我们的学校呢？

(2) 你的劳动观是什么呢？

第二节　树立正确的劳动价值观

新时代我们要加强培育劳动精神，树立正确的劳动价值观，既是形成正确世界观、人生观、价值观的有效途径，也是培养有理想、有本领、有担当的社会主义建设者和接班人的客观要求，还是学校实现立德树人根本任务的现实需要，对于加快推进教育现代化、建设教育强国具有重要意义。

一、新时代学生劳动价值观的基本内涵

劳动创造伟业，劳动铸就辉煌。一切劳动，无论是体力劳动还是脑力劳动，都值得尊重和鼓励。新时代学生劳动价值观的基本内涵如下。

（一）应当把明确劳动本质与价值作为基本要求，明辨劳动最伟大

新时代学生应当以劳动创造人类历史和文明、劳动推进社会发展和进步为认识起点，明确劳动本质和价值。劳动的本质不仅在于创造物质财富和精神财富，也是推动社会发展的决定性实践活动，体现了劳动超越谋生之外的人文社会价值。劳动推动了社会发展，促进了人的全面发展。

1. 劳动改写命运，书写历史

中华人民共和国的成立代表着中国人民从此站起来了，这不仅表现为人民当家做主人，还意味着中国劳动者的命运第一次真正意义上掌握在自己手中。在革故鼎新的年代里，中国共产党带领劳动人民自力更生、艰苦奋斗，劳动人民满怀高度负责的主人翁精神和强烈的民族自豪感开始建设中华人民共和国，改变着社会面貌，改写着劳动人民命运，书写着对未来的美好憧憬。

2. 劳动创造幸福，成就事业

改革开放以来，广大劳动群众的积极性、主动性、创造性得到了充分发挥，社会主义建设高歌猛进，无论在政治、经济、文化还是在教育、科研、军事等方面建设成就斐然，实现了物质财富和精神财富的很大提高，社会生活发生了巨大变化。勤劳的、充满智慧的中国劳动人民正满怀幸福感、获得感不断推进着中国特色社会主义事业向前发展。

3. 劳动开创未来，实现复兴

中国特色社会主义进入了新时代，新时代的劳动者更多地呈现出知识型、技能型、创新型、创造型的时代特点，迎来了实现中华民族伟大复兴的光明前景。

（二）应当把肯定劳动主体地位与作用作为基本要义，明辨劳动最光荣

劳动者是人民群众的主体部分，承担着创造社会物质财富和精神财富的历史责任。新时代学生应当重视和尊重劳动、肯定和崇尚劳动，其内在必然要求就是肯定劳动主体的地位与作用。"劳动最光荣"是一种积极的劳动伦理价值观，它的价值度就是对劳动者主人翁地位的肯定。我们应当平等看待劳动者，不论是体力劳动者还是脑力劳动者，不论是简单劳动者还是复杂劳动者，一切为我国社会主义现代化建设作出贡献的劳动者，都是光荣的，都应该得到承认和尊重。

随着经济全球化和市场经济的发展，部分学生出现了不愿劳动、鄙视劳动尤其是鄙视体力劳动者的价值取向。出现了"看不起一线工人，看不起农民工""从事环卫劳动的工人不如从事发明创造的科学家光荣""体力劳动就是吃苦受罪""做不了社会精英也不愿意当一名普通劳动者"的错误认识。对此，我们应当看到"劳动只有分工不同，而无贵贱之分"。

我们提倡"以辛勤劳动为荣，以好逸恶劳为耻"的劳动荣辱观，尊重真抓实干的诚实劳动者、埋头苦干的辛勤劳动者、革故鼎新的创造性劳动者，任何劳动者的劳动都是有尊

严的劳动、都是幸福的劳动，都值得我们敬佩和尊重。

（三）应当把树立创造性劳动意识作为主要目标，明辨劳动最美丽

"劳动最美丽"在本质上是劳动者或劳动主体基于其劳动实践而实现的美的创造，并通过各种美的劳动形式，彰显劳动者的本质力量和劳动美的价值。"劳动最美丽"是劳动群众以诚实劳动、辛勤劳动和创造性劳动作为基本形式而存在的，在劳动过程中追求劳动美，以此实现劳动的目的性与劳动的规律性的高度统一，这也是劳动实践中各种关系的和谐统一之美。

二、树立正确的劳动价值观的意义

（一）有利于学生树立正确的价值观和事业观

新时代的学生要将日常生活与理想追求紧密结合，在劳动创造中实现远大理想和个人目标，自觉把人生追求融入国家富强、民族复兴的伟业之中，实现个人与集体、国家的融合发展，真正树立依靠辛勤劳动、诚实劳动、创造性劳动获取财富及实现人生价值的正确思想观念，从而为走出校园后的人生之路奠定良好的事业发展基础。

（二）有利于学生培育和践行社会主义核心价值观

尊重劳动，坚持爱岗敬业的工作态度和职业操守，是践行社会主义核心价值观的要求和具体体现。培育新时代学生的劳动精神，能够使学生真正理解人民创造历史、劳动开创未来，相信劳动是推动人类社会进步的根本力量；真正认识到正是因为劳动创造，我们才拥有今天的幸福生活。通过弘扬劳动精神，让学生明白要扎扎实实干事、踏踏实实做人，培养积极主动的岗位意识、职业意识、进取精神和创新精神，今后无论处于什么岗位，都能在本职工作中充分发挥积极性、主动性和创造性，通过自己的劳动收获满足感、幸福感、尊严感，在创造物质财富的同时，提升自我的精神境界。只有这样，才能让学生于实处用力，从知行合一上下功夫，把社会主义核心价值观内化为精神追求，外化为自觉行动。

（三）有利于学生感受时代精神力量

要引导新时代学生树立劳动最美丽的思想观念，使他们真正感受到劳动本身所激发出的人性光辉、品德光辉和精神光辉，体验到劳动者在劳动中所体现的精益求精、专注执着、无私奉献、创新创造的宝贵精神，体验到高标准、高品质的追求和敬业之美、创造之美的价值升华，从而激励自己投身于新时代中国特色社会主义伟大事业中，奉献无悔青春。

三、树立正确的劳动价值观的途径

（一）尊重劳动：常怀感恩之心

中华人民共和国的劳动者中既有劳动模范，又有先进典型，他们的事迹在历史发展

的画卷上留下了浓墨重彩的一笔，他们身上所体现的劳模精神和劳动精神，始终熠熠生辉。

实现奋斗目标，要靠劳动者的实干。无数奋斗者用实际行动证明，只有尊重劳动，尊重劳动的价值，才能让劳动者有更多的获得感和成就感，创造出更多的财富。实干兴邦，一个尊重实干、尊重劳动的国家，必然会拥有充分的活力和强大的发展动力，从而在奋斗的道路上取得更多伟大的成就。

全面建成小康社会，实现中华民族伟大复兴的中国梦，必须依靠知识、依靠劳动。不管是从事简单劳动、体力劳动的劳动者，还是从事复杂劳动、脑力劳动的劳动者，都是我们社会进步的推动者，是为我们国家美好明天辛勤付出的劳动者，是值得尊重和感恩的。

（二）热爱劳动：人生幸福起点

劳动是财富的源泉，也是幸福的源泉。古语云"夙兴夜寐，洒扫庭内"，说明热爱劳动是中华民族优秀的传统，且绵延至今。劳动，是中华民族的传统美德之一，在漫漫历史长河中，劳动赋予了中华民族立民的根本；在神州大地上，劳动传承着中华民族的信仰。

"劳动创造幸福"，这是因为付出了汗水，就会有回报，有了回报，就会产生幸福感。正是因为劳动，中国的综合国力不断增强，人民生活水平不断提高，幸福指数不断上升。

身处新时代，我们应该热爱劳动，让劳动成为我们的幸福起点，去实现自己的时代追求。

（三）践行劳动：奋斗的青春最美丽

劳动是推动人类社会发展的决定性力量，每个人的梦想照进现实，归根到底要靠辛勤劳动、诚实劳动、科学劳动。"其作始也简，其将毕也必巨"。伟大祖国之所以能风雨无阻，关键就在于千千万万普通劳动者的负重前行。

劳动，是每个人最基本的责任。不同时期，劳动的具体表现形式会有所不同，但其最根本的价值始终没有变，新时代的劳动者更兼顾着智慧与创新。

奋斗是青春的底色，幸福不会从天而降，梦想不会自动成真。面对新形势、新困难、新挑战，每个劳动者都要焕发热情、释放潜能，在各自的岗位上踏实苦干、努力奉献。撸起袖子加油干，千千万万劳动者所凝聚起来的力量，必将掷地有声。

▶▶ **查一查**：查找有关劳动的名言金句或优美诗句，并谈一谈自己的认识。

▶▶ **写一写**：制订在校期间自己的每日劳动计划（可包含寝室、教室、实训场地等）。

🔖 劳动实践

按照自己制订的每日劳动计划执行，看看自己能够坚持多久。

劳动故事

航空技师的摇篮 | 贵州航空工业技师学院的前世今生

〇一一基地技工学校

在改革开放前夕，贵州省第三机械工业局（即〇一一基地）呈文贵州省国防工业办公室、国家第三机械工业部，请求利用下马停产的原国营星火机械厂房屋和设施，创办一所规模较大的技工学校，解决技术工人严重短缺的问题。有关部门下达批复：同意在原国营星火机械厂遗址创办"〇一一基地技工学校"，办学规模为全日制学生1000人。

国营星火机械厂是"三线建设"时期创办的一家军工企业，投产不久后即迁回南京。学校创办之初，道路坑坑洼洼、崎岖不平，校区内杂草丛生，房屋四处漏雨，窗户没有完好的玻璃，连起码的办学条件都不具备。首批进校的教职工发扬"三线精神"，艰苦创业、勤俭建校、无私奉献，克服重重困难，渡过道道难关，不到半年时间，将工厂废墟变成了生机勃勃的技工学校。

"星星之火，可以燎原"。1978年3月，首届500名新生进校。这是国家恢复考试制度的第一批学生。由于环境条件局限，学生进校后首先参加建校劳动，修公路、平操场、割茅草、改厂房、建宿舍、挖菜地、砌堡坎、背粮食……几个月后才开始正式上课。

首批创业者、拓荒者，点燃了学校发展壮大的星星之火，经过几代技校人的不懈努力，形成了燎原之势。

贵航高级技工学校

1994年6月，〇一一基地技工学校向贵州航空工业总公司、中国航空工业总公司教育局报送《关于成立高级技工学校的请示》。同年10月上级主管部门下达批复：同意开办"贵航高级技工学校"，除继续开办机械加工有关专业外，逐步创造条件开设热加工、电工、飞机和汽车等专业工种。高级技工学校的创办成功，拓宽了办学路子，提高了办学层次，为应对市场化的挑战迈出了坚实的步伐。

贵州航空工业技师学院

进入新千年，学校出现了意想不到的学生"回炉"现象。2000年有12名、2001年有22名大专毕业生到学校复读。这一现象引起了媒体的重视：2002年1月15日《贵阳晚报》发表《大专生"回炉"首选技校》的报道，介绍了这一职业教育的新动态；2003年4月9日，中央电视台《当代工人》栏目到学校拍摄《山坳里的生机》，现场采访复读学生，节目播出后，引起社会强烈反响；2003年4月29日《工人日报》发表《学生为啥要回炉》新闻评述，文章以贵航高级技工学校为典型，分析学生"回炉"的深层原因，引起了社会的广泛关注，掀起了重视技能人才、重视职业教育的新浪潮。

学校顺应职业教育的发展变化和时代潮流，实现了快速发展，具备了创办技师学院的条件。2005 年 9 月 13 日，学校向贵州省劳动和社会保障厅、中国航空工业第一集团公司呈送申办技师学院的请示，说明技师学院的培养目标、招生对象、学制设置、办学模式、工种专业、教育教学等有关方面事项。同年 12 月 5 日，贵州省劳动和社会保障厅、贵州省教育厅下达批复：批准成立贵州航空工业技师学院。这标志着学校发展跃升到一个新的历史阶段。

建校掠影

02 第二章　认识劳动教育

第一节　对劳动教育的理解

在 2018 年全国教育大会上，习近平总书记提出，应该把我国的教育方针修改为培养德智体美劳全面发展的社会主义事业的建设者和接班人，比原来的教育方针完善了劳动教育，从此，我国新一轮加强劳动教育的风潮再次袭来。2021 年，我国新《教育法》从法律层面明确了这一新教育方针。

2020 年 3 月，教育部发布《中共中央、国务院关于全面加强新时代大中小学劳动教育的意见》，为构建德智体美劳全面培养的教育体系，对加强新时代大中小学劳动教育提出了意见和原则。

2020 年 7 月，教育部颁布《大中小学劳动教育指导纲要 (试行)》，明确了劳动教育的概念、性质、基本理念、目标和内容，这一纲要旨在加快构建德智体美劳全面培养的教育体系，重点解决劳动教育是什么、教什么、怎么教等问题。

一、劳动教育的内涵

（一）劳动教育的含义

劳动教育是德智体美劳全面发展教育的主要内容之一。劳动教育是引导学生掌握现代劳动的知识与技能，养成良好的劳动习惯和正确的劳动态度，培育学生正确的劳动价值观的教育。劳动教育是国民教育体系的重要内容，是学生成长的必要途径，具有树德、增智、强体、育美的综合育人价值。

（二）劳动教育的核心素养

劳动教育的课程要培养的核心素养，即劳动素养，主要是指学生在学习与劳动实践过程中逐步形成的适应个人终身发展和社会发展需要的正确价值观、必备品格和关键能力，是劳动课程育人价值的集中体现，主要包括劳动观念、劳动能力、劳动习惯和品质、劳动精神。

（三）劳动教育的理解误区

(1) 劳动教育就是体力劳动。劳动教育确实需要学生出力流汗，但是劳动教育不局限于体力劳动本身，一些动手操作的研究课程，如烹饪等精细化劳动活动，也是劳动教育。这意味着劳动教育不能只停留在体力劳动层面，更重要的是引导学生认识劳动的价值。

(2) 劳动教育就是只在学校开展的教育。劳动教育的实施地点不局限于学校内部，还可以在社区或家庭，家校联合开展劳动教育是非常必要的。

(3) 劳动教育就是道德教化的工具和手段。虽说劳动教育与育德要紧密联系，但是育德的范畴不仅在劳动领域，而劳动课的意义也不仅仅有育德，还有获得劳动知识和技能、锻炼劳动能力、感受经过劳动创造美好事物的审美过程等。

(4) 劳动教育就是一种惩罚的手段。有人将劳动作为一种教育惩罚手段，这让学生厌恶、远离劳动，这不是正确的劳动价值观。让学生热爱劳动、热爱劳动人民等才是劳动教育应有的核心或本质目标。

二、劳动教育的价值意义

（一）现实原因

我国当前教育背景下，学生普遍缺失劳动教育。

1. 学校方面

升学教育观念深入人心，重智力劳动，轻体力劳动。学校只追求高升学率和高分数，片面强调学生智育发展，造成学生生活劳动技能低下，劳动意识欠缺。

2. 家庭方面

"万般皆下品，唯有读书高"的传统成才观让广大家长轻视劳动教育。家长将教育的目的视为摆脱体力劳动，成为人上人，同时又将干家务劳动视为惩罚孩子的手段，造成劳动教育功能的异化。

3. 社会方面

大众传媒较少传播劳动教育的价值。各种消费主义、功利主义、个人主义的非理性价值观影响着人们的观念，劳动教育的意义和价值不断被贬低和排斥，造成劳动教育的边缘化。

（二）未来意义

劳动教育的未来意义包括：

(1) 实施劳动教育是实现人的全面发展的必由之路。培养全面发展的人，要求个体在德智体美劳各方面和谐发展。劳动教育作为五育之一，发挥着以劳树德、以劳启智、以劳健体、以劳育美的作用，只有包含劳动教育的教育，才是全面发展的教育。

(2) 实施劳动教育是适应当下生活和未来生活的重要保障。当前基础教育阶段，学生普遍缺乏基本的劳动素养，缺少必备的生活技能，因此，通过劳动教育，既培养学生基本的生活技能和素质，以适应当下生活的需要，也适应未来社会对综合人才的需要。

(3) 劳动教育是德、智、体、美教育实践的基本途径。劳动教育不仅仅可以发挥自身的育人功能，也可以成为桥梁，沟通智育、体育、美育与德育。

(4) 劳动教育将间接经验与直接经验结合起来。学生在课本上学习到的是间接经验，在日常生活中体会到的是直接经验，劳动教育将二者结合起来。

(5) 劳动教育将学习知识和锻炼能力结合起来。劳动教育将出汗、出力与动脑结合了起来，让学生将学过的理论应用到实践当中，锻炼了学生的应用能力。

(6) 劳动教育将理论与实践、生活结合起来。劳动教育将课堂上所学到的理论知识与学生日常生活当中的经验结合起来，做到了理论与实践相结合。

三、如何落实好劳动教育课程

（一）学校落实劳动教育

学校落实劳动教育的举措包括：

(1) 加强纵向衔接，大中小学课程一体化系统设计。新时代劳动教育坚持目标导向和问题导向，注意不同阶段劳动教育的渐进性，对大中小学各学段进行一体化设计，体现出系统性、科学性、时代性的特点。

(2) 促进横向贯通，独立设课与学科渗透教学有机结合。课程是落实教育目标的有效载体。坚持独立设课与学科渗透相结合，打破学科间、课堂内外、校园内外的边界，创新课程形态，完善劳动教育课程体系，充分实现课程育人的功能。

(3) 依据各地实际，因地制宜常态实施。各地、各学校应结合当地自然、经济、文化等方面的条件，充分挖掘自身可利用的资源，宜工则工、宜农则农，因地制宜大胆探索多元化的劳动实践项目，切实提高劳动教育实施的可行性和有效性。

（二）家庭落实劳动教育

家庭落实劳动教育的举措包括：

(1) 引导家庭重视生活技能养成，明确家庭教育细则。教育主管部门要制定家庭劳动教育标准和指导原则，明确家庭劳动教育目标和任务，关注家长的劳动教育合理诉求，以培养学生的生活技能和自理能力为目标。

(2) 引导家长职责要归位，培养孩子从小树立劳动意识和观念。家长是孩子的第一任老师，家庭是孩子的第一所学校，劳动教育要实施好，家庭教育不能失位。家长要帮助孩子从小树立劳动意识和观念，在孩子心中早早种下"劳动最光荣"的理念，为今后的成长打好基础。

（三）社会助力劳动教育

社会助力劳动教育的举措包括：

(1) 深化产教融合，改进劳动教育方式。为学生在现代企业中参与劳动体验、实习实训搭建平台，使学生树立正确劳动观念，激发创新意识，为未来的职业生涯做好一定准备，提升劳动教育的时代性和针对性。

(2) 引导社会舆论，弘扬劳动精神。社会应形成良好的劳动舆论，形成尊重、热爱、崇尚劳动的良好社会风气。媒体应结合新时代的人才要求，积极宣传正确的教育观和成才观。

(3) 拓宽实施渠道，促进家庭、学校、社会综合实施。

(4) 发挥家庭在劳动教育中的基础作用，落实学校在劳动教育中的主导作用，强化社会在劳动教育中的支持作用。各方主体相互补充，积极引导学生参与家务劳动、生产劳动、公益劳动、实习实训等劳动实践，努力绘制劳动教育的"同心圆"，形成齐抓共管、多方协同的劳动教育育人合力。

▶▶ **查一查**：关于劳动教育，国家出台的相关政策。

▶▶ **说一说**：对于这些政策，你有什么认识，可以跟大家分享。

劳动实践

分组对教室的卫生死角进行清理，看看谁的动手能力强。

第二节　新时代劳动教育的使命

中国式现代化的本质要求，体现了马克思主义以劳动逻辑取代资本逻辑、让社会围绕劳动这个"太阳"旋转的现代化理想，彰显了中国式现代化在劳动中创造人类文明新形态的价值追求。学校劳动教育要把握好思想性、社会性、实践性、贯通性，担当好支撑中国式现代化的重要使命。

一、劳动树德

"德"乃立人之本。教育不仅要培养智慧与才能兼备的人才，更应当培养一个品德高尚、人格健全的人。

劳动教育是全面教育体系的重要组成部分，与德育、智育、体育、美育密不可分，贯穿于德育、智育、体育、美育的全过程。要坚持以劳树德，加强劳动教育，提高道德认知，培育道德情感，锻炼道德意志，养成道德习惯。从培养劳动习惯入手，让学生热爱劳动工具，珍惜劳动成果，养成勤俭节约、吃苦耐劳、勇敢诚实的良好美德，自己的事情自己做，树立自我服务和公益服务型劳动观念。从事劳动能够使学生具备起码的生活能力，培养关心和尊重长辈的意识，增强社会责任感。

通过劳动教育可以培养自我积极向上的品性。尤其是在克服困难、付出汗水和战胜自己之后，能够更加热忱地去对待周围事物，体会战胜挫折的自豪感。劳动可以促进形成团结协作的精神，通过劳动使学生能直观体会到团结的力量。劳动可以培养学生的自信心，让学生充分认识到自己有能力挑战困难，因而变得更加自信。

劳动教育对于青少年践行社会主义核心价值观、传承中华优秀传统文化、实现中华民族伟大复兴的中国梦具有重要意义。

二、劳动增智

坚持以劳增智。劳动教育让学生通过亲身劳动增长见识，丰富劳动知识与劳动技能，培养学生抽象思维能力，促进智力发展。通过劳动，一方面可以帮助学生更加深刻地理解课堂上教授的理论、概念、方法等知识，为这些知识提供真实情景的体验场所，让学生体会其中的真理和美好；同时也为这些知识的运用提供了实践机会，通过劳动实践把所学知识利用起来，实现学以致用，使所学知识得到内化和升华。劳动实践为学生学习理论活动提供底层的逻辑，这将使学习认知更加深刻、思维更加深化，实现了知识的循环往复，形成了一次完整的知识构建，夯实学习效果。

三、劳动健体

"体质不强，何谈栋梁。"学生作为建设祖国未来的接班人，拥有一个强健的体魄是一切先决条件。

新时代学生成长在网络虚拟化和信息自动化的时代，人与人面对面的交流越来越少，因此有一部分学生的性格变得孤僻怪异，行为偏激，不愿与人交往。加上当前社会生活节奏越来越快，竞争越来越激烈，学生多数又是独生子女，父母期望值较高。在这样的环境压力下，当代学生所暴露的心理问题越来越受到关注：孤僻、自私、缺乏团队精神和抗挫折能力，甚至嫉妒心较强。

劳动不仅仅能培养学生强健的身体，同时也能促进学生的心理发展，可谓是身心内外合一的系统训练。学生在参加劳动的活动中，通过与人沟通协作，可以培养乐观开朗的性情，继而改善人际关系，提高社会适应能力，有助于消除心理障碍；通过劳动活动，产生的最终劳动成果，可以让学生的身心得到一种舒适的感受，产生积极的成就感和幸福感，从而摆脱压抑和悲伤等消极情绪；通过劳动活动，可以帮助学生不断克服遇到的主观和客观困难，越是想办法努力去克服主观困难，学生的受挫能力及解决问题能力就越强，就越有助于培养良好的意志品质。

四、劳动育美

美育是指通过培养学生健康的审美观，进而帮助学生发现美、感受美、创造美。苏霍姆林斯基认为："美育最重要的任务是教会孩子能从周围世界（大自然、艺术、人际关系）

的美中看到精神的高尚、善良、真挚，并以此为基础确立自身的美。"美育是以美的姿态、美的颜色、美的旋律等来对学生施以教育，它美好生动，且会让人有发自内心的愉悦、舒适、动情的体验。

劳动教育有利于青少年学生在劳动创造中形成"发现美、体验美、鉴赏美、创造美"的意识和能力，从而提高学生的审美能力和人文素养。

五、劳动提能

劳动技能教育是指对学生进行劳动与生产技术的教育，是提高学生综合素质、促进学生全面发展的举措之一。劳动技能教育的主要目的是使学生在步入工作岗位之时能够掌握一些专业知识与生产技能，从而能够胜任心仪的岗位、满足岗位的需求。

在学校教育中，一手抓理论教育，一手抓社会实践，在两手同时抓的过程中培育学生的劳动技能。实践性是其劳动教育的第一特性。实践性即学生亲自参加劳动、从事实际操作。以社会实践形式参与的劳动，能够检验在校期间的学习成效。只有在实践中，学生通过体力劳动与脑力劳动的共同作用，才能将理论知识转变为学生所应具备的劳动技能，才能促进学生的不断创新。

▐▶ **说一说**：对照之前自己制订的每日劳动计划分组讨论，看看自己的成果、收获，给大家分享一下。

▐▶ **写一写**：完善自己的每日劳动计划，并按计划执行。

劳动实践

整理自己的寝室，互相参观，谈谈自己的体会。

劳动故事

造飞机、卫祖国，这是我一生的事业——顾诵芬

1930年2月4日，顾诵芬出生在江苏苏州的一个书香世家，他的父亲是当时有名的国学大师。五岁时，父亲调任燕京大学讲师，全家迁居北京。那顾诵芬怎么会与飞机结缘呢？这就要从他七岁那年说起。

1937年，"七七事变"后，日军疯狂轰炸中国北方地区。轰炸机从顾诵芬家上空飞过，那是他第一次看见飞机。但随飞机而来的却是数不清的炸弹，这是顾诵芬一辈子的痛苦回忆。那一天，"造中国人自己的飞机"的想法在顾诵芬的脑海里生根发芽。"经历了这一场轰炸以后，我暗暗地下决心，将来要搞飞机。"他面对采访时回忆道。

顾诵芬从上海高中毕业时，被浙江大学、清华大学和上海交通大学三所大学航空系录取。为照顾身体不好的母亲，他选择了离家最近的上海交通大学。1951年，抗美援朝战

争爆发，上海交通大学接到命令，所有航空系毕业生要在三天内到北京报到。顾诵芬告别了母亲，和同学们毅然奔赴北京，建设中国刚刚起步的航空事业。

1956 年，中国第一个飞机设计机构——沈阳飞机设计研究所成立。作为第一批核心成员，年仅 26 岁的顾诵芬担任了气动小组的组长。随后，这群平均年龄不到 22 岁的年轻设计师，接到了设计亚音速喷气式中级教练机的任务，命名为"J-1"。顾诵芬顶着严寒反复实验，收集整理数据资料。最终，他想出了一套气动设计计算方法，出色地完成了任务。1958 年 7 月 26 日，中国第一架自行设计的喷气式飞机"歼-1"首飞成功。

20 世纪 60 年代中期，我国空军装备落后。受当时国际形势影响，我们只能选择走自主研发的道路。1965 年，"歼-8"战斗机项目启动，这也是中国第一次自主研制双发高空高速战斗机。顾诵芬负责超音速飞机气动布局。

1969 年 7 月 5 日，"歼-8"首飞成功。但在飞行测试中，"歼-8"机身表现出强烈的抖动。顾诵芬明白这是气流分离的问题，但他不知道具体症结在哪里。这困扰了他许久，飞机设计也因此陷入僵局。1978 年，接任总设计师后，他决定隐瞒家人亲自乘坐"歼-8"上天，以等距离、等速度观察"歼-8"。

"他不顾过载对身体的影响和潜在的坠机风险，毅然带着望远镜和相机，在万米高空观察拍摄飞机的动态，让在场所有战友都非常感动。"试飞员陆东明回忆道。

经过三次高空飞行，顾诵芬终于找到了问题所在。最终，他攻克了多项技术难题，让"歼-8"实现平稳飞行，为"歼-8"最终设计做出重大贡献。

后来，顾诵芬又被任命为二代"歼-8"飞机总设计师。他制定了双侧气动布局方案，同时组织多部门高效协同工作。二代"歼-8"实现首飞仅用了 4 年时间。

"歼-8"系列飞机一直是我军 20 世纪的主战装备，它捍卫中国领海领空长达半个世纪，成为中国航空自主研发的传奇。

在顾诵芬的带领下，一架架先进的飞机飞上祖国的蓝天，一个个航空人才脱颖而出。他说道："回想我的一生，谈不上什么丰功伟绩，只能说没有虚度光阴，为国家做了些事情。多读书，多思考，努力学习，认真做好每一件事。"如今，92 岁高龄的顾诵芬院士退而不休，依旧在为中国航空事业奉献余热。

03

第三章　弘扬"三种精神"

学习劳动精神，感受劳动价值

党的二十大报告提出："在全社会弘扬劳动精神、奋斗精神、奉献精神、创造精神、勤俭节约精神，培育时代新风新貌。"长期以来，在党的领导下，全社会奏响"光荣属于劳动者，幸福属于劳动者"的强音，培育形成崇尚劳动、热爱劳动、辛勤劳动、诚实劳动的劳动精神。这是我们的国家、我们的民族风雨无阻、勇敢前进的强大精神动力。

一、劳动精神定义

劳动精神是指崇尚劳动、热爱劳动、辛勤劳动、诚实劳动的精神。

2021年9月，党中央批准了中央宣传部梳理的第一批纳入中国共产党人精神谱系的伟大精神，劳动精神被纳入。

二、劳动精神的发展历程

中国共产党领导下的人民群众的劳动活动，是劳动精神的实践基础。抗日战争时期，党领导抗日根据地人民掀起热火朝天的大生产运动，为化解根据地供需矛盾、赢得抗日战争的胜利奠定了坚实的物质基础，同时也孕育了自力更生、艰苦奋斗的拼搏精神，成为劳动精神的重要组成部分。

中华人民共和国成立后，在党的领导下，工人阶级和广大农民以高度的主人翁责任感和当家作主的地位，在自己的岗位上勤勤恳恳、艰苦创业，以"老黄牛"精神丰富着劳动精神的内涵。

改革开放以来，知识分子成为"工人阶级的一部分"，极大地激励了知识分子和脑力劳动者全身心地投入社会主义现代化建设中。"尊重劳动、尊重知识、尊重人才、尊重创造"也成为时代强音。

劳动是一切幸福的源泉。2013年4月28日，习近平总书记在同全国劳动模范代表座谈时指出："劳动最光荣、劳动最崇高、劳动最伟大、劳动最美丽",要求"全社会要崇尚劳动、见贤思齐"。2016 年 4 月 26 日,习近平总书记在知识分子、劳动模范、青年代表座谈会上的讲话中提出:"我们要在全社会大力弘扬劳动精神,提倡通过诚实劳动来实现人生的梦想、改变自己的命运"。2020 年 11 月 24 日,习近平总书记在全国劳动模范和先进工作者表彰大会上再次强调劳动精神的重要性,并精辟概括了劳动精神的内涵。劳动创造了中华民族,造就了中华民族的辉煌历史,也必将创造出中华民族的光明未来。

三、劳动精神解析

（一）崇尚劳动

中华民族自古就是崇尚劳动的民族。从"晨兴理荒秽,带月荷锄归"的耕作,到"女郎剪下鸳鸯锦,将向中流匹晚霞"的纺织,再到"六月调神曲,正朝汲美泉"的酿造……古往今来,对劳动的赞歌绵延不绝。

劳动最光荣,劳动最崇高,劳动最伟大,劳动最美丽。因为崇尚劳动,我们有着"咱们工人有力量"的豪迈,有着"天不怕地不怕,风雪雷电任随它"的勇气,有着"紧摇桨来掌稳舵,双手赢得丰收年"的底气,有着"人们在明媚的阳光下生活,生活在人们的劳动中变样"的自信。

（二）热爱劳动

劳动开创未来,奋斗成就梦想。劳动没有高低贵贱之分,不论身处哪个行业,只要付出足够的辛劳与智慧,干一行、爱一行、钻一行,就能够在平凡的岗位上取得不平凡的成绩。

热爱劳动、热爱创造,通过劳动和创造播种希望、收获果实,也通过劳动和创造磨炼意志、提高自己。在党的领导下,一代代勤于劳动、善于劳动的高素质劳动者层出不穷,一曲曲豪迈激越、铿锵有力的新时代劳动者之歌响彻云霄。

（三）辛勤劳动

功崇惟志,业广惟勤。三峡工程竣工、青藏铁路通车,南水北调、西气东输,"嫦娥"飞天、"蛟龙"潜水……每个"中国奇迹"的背后,都是众多劳动者经年累月的辛勤奋斗。

民生在勤,勤则不匮。农民们用四季的辛勤耕耘,换来秋天的丰收喜悦;工人们用日复一日的辛勤劳作,生产出质优价廉的优质产品;老师们用年复一年的辛勤教学,获得桃李满天下的累累硕果。

（四）诚实劳动

人无信不立,业无信不兴。劳动是个体实践,也是社会行为。每个劳动者通过诚实劳动收获财富,社会的基本秩序才能够得以维系。

习近平总书记说:"人世间的美好梦想,只有通过诚实劳动才能实现;发展中的各种难题，只有通过诚实劳动才能破解；生命里的一切辉煌，只有通过诚实劳动才能铸就。""我们要在全社会大力弘扬劳动精神，提倡通过诚实劳动来实现人生的梦想、改变自己的命运，反对一切不劳而获、投机取巧、贪图享乐的思想。"

▶▶▶ 查一查：贵州省航空工业有哪些劳动模范和大国工匠？了解他们做出的贡献。

劳动实践

参观学院的实训场地，与实习老师交流，谈谈自己的感想。

第二节　学习劳模精神，激发奋进力量

劳动是一切幸福的源泉。进入新时代以来，我国工人阶级和广大劳动群众在实现中国梦伟大进程中拼搏奋斗、争创一流、勇攀高峰，为决胜全面建成小康社会、决战脱贫攻坚发挥了主力军作用，用智慧和汗水营造了劳动光荣、知识崇高、人才宝贵、创造伟大的社会风尚，谱写了"中国梦·劳动美"的新篇章。

一、劳模精神的定义

劳模精神是指"爱岗敬业、争创一流、艰苦奋斗、勇于创新、淡泊名利、甘于奉献"24字的劳动模范的精神。劳模精神在任何时候都需要，都不过时，是伟大时代精神的生动体现。

二、劳模精神的发展历程

在革命战争年代，陕甘宁边区有被誉为"边区工人的一面旗帜"的全国劳模赵占魁，也有"一切从零开始的工程师"钱志道，"艰苦奋斗、爱国至上"是这些劳模的显著特征，"为革命献身、革命加拼命、苦干加巧干、经验加创新"是这一时期焕发出的劳动精神。

在社会主义革命和建设时期，既有"爱厂如家、艰苦创业"的孟泰等劳动模范，又有"红色资本家"荣毅仁，更涌现出一批批"铁人"王进喜式的建设中华人民共和国、献身现代化的劳动英雄。"无私奉献、集体至上""团结肯干，敢啃硬骨头"是这一时期劳模的显著特征。

改革开放以来，国家建设的重心转变为"以经济建设为中心"，这一时期既有"蓝领专家"孔祥瑞、"金牌工人"窦铁成、"新时期铁人"王启明式的生产楷模，也出现了"两弹元勋"邓稼先、"知识工人"邓建军式的知识分子和科技人员。"创先争优、实干至上"是这一时期劳模的显著特征。

进入新时代,涌现出"中国舰载机之父"罗阳、"九天揽星人"孙泽洲式的科技型劳模,活跃着"金牌焊工"高凤林、"深海钳工第一人"管延安式的工匠型劳模。"开拓创新、人民至上"是新时代劳模的显著特征。

三、劳模精神解析

(一)劳模精神是社会主义核心价值观的生动诠释

劳模精神的重要元素和构成因子,像岗位意识、职业精神、进取精神、拼搏精神、创新精神、家国情怀和奉献精神等,是对社会主义核心价值观的生动诠释和现实呈现。劳模精神是社会主义核心价值观的具象化、人格化和现实化。

(二)劳模精神是时代精神的生动体现

一方面,劳模精神具有鲜明的时代特征,是时代精神的生动体现。作为一种文化精神,劳模精神不是一成不变的,而是实践的、创新的、鲜活的、生动的存在。

另一方面,劳模精神推动了时代精神的发展,丰富了时代精神的内涵。在劳模的创造性实践和不断探索中,激发出自主性、首创性、先进性元素的劳模精神,呈现着社会进步的发展方向。

(三)劳模精神是民族精神的重要组成部分

一方面,劳模精神是民族精神核心要素的集中体现。劳模精神既体现了以爱国主义为核心的团结统一、爱好和平、勤劳勇敢、崇德尚礼、公而忘私的民族情怀,又体现了知行合一、自立自强的人生追求。

另一方面,劳模精神是民族精神创新发展的重要推动力量。劳模精神始终与时俱进,创新丰富了民族精神。一代又一代的劳模,用自己的辛勤劳动、诚实劳动和创造性劳动,为民族精神注入新能量,不断丰富着民族精神的博大内涵。

(四)劳模精神是培育时代新人的重要手段

一方面,劳模精神作为社会主义核心价值观的生动体现,更容易为人们所理解、所接受,更方便为人们所效仿,将对培育时代新人起到重要的推动作用。

另一方面,通过强化教育引导、舆论宣传、文化熏陶、实践养成、制度保障,培养和造就具有劳模精神的时代新人,能够激发广大劳动者干事创业的积极性、主动性和创造性。

(五)劳模精神是实现伟大复兴中国梦的重要力量

一方面,劳模精神是实现伟大复兴中国梦的宝贵精神财富。在全社会弘扬和践行劳模精神,营造尊重劳动、尊重知识、尊重人才、尊重创造的社会氛围,才能够让"劳动光荣、创造伟大"成为时代强音,让"辛勤劳动、诚实劳动、创造性劳动"成为普遍认同的价值遵循。

另一方面，劳模精神是实现伟大复兴中国梦的强大精神力量。要实现伟大复兴中国梦，实现从制造大国向制造强国的华丽转身，建设知识型、技能型、创新型劳动者大军，必须要大力弘扬和践行劳模精神。

▶▶ 说一说："劳动只有分工不同，而无贵贱之分"，对这一观点你是怎么理解的？

▶▶ 写一写：你认为劳动对人的意义和价值是什么？

劳动实践

发现所在学院卫生死角，以班为单位进行清理，并说说你的感想。

第三节　认识工匠精神，靠近时代气质

工匠精神，是在不断接力中传承的"中国风范"。2020 年 12 月 10 日，习近平总书记在致首届全国职业技能大赛的贺信中提出"培养更多高技能人才和大国工匠"，并发出"走技能成才、技能报国之路"的号召，对广大劳动者特别是青年一代是巨大的鼓舞。通过举办职业技能大赛鼓励更多青年人走技能成才之路；大力发展技工教育，逐步提高技能人才待遇，拓宽技能人才发展通道……近年来，国家通过一系列政策、举措，努力让技术工人在发展上有空间、经济上有保障，大力培育尊崇工匠精神的社会风尚。

一、工匠精神的定义

工匠精神是指"执着专注、精益求精、一丝不苟、追求卓越"的职业精神，是中国共产党人精神谱系的伟大精神之一。

这 16 个字生动概括了工匠精神的深刻内涵，激励广大劳动者走技能成才、技能报国之路，立志成为高技能人才和大国工匠。工匠精神不仅是大国工匠群体特有的品质，更是广大技术工人心无旁骛钻研技能的专业素质、职业精神，弘扬工匠精神强调在追求卓越中超越自己。

二、工匠精神的发展历程

我国自古就有尊崇和弘扬工匠精神的优良传统。正是因为一代代劳动者对工匠精神的继承与发扬，我国才从一个基础薄弱、工业水平落后的国家，成长为世界制造大国。

中华人民共和国成立以来，中国共产党在带领人民进行社会主义现代化建设的进程中，始终坚持弘扬工匠精神，神州大地涌现出一大批追求极致、精益求精的工匠。"七一勋章"

获得者、湖南华菱湘潭钢铁有限公司焊接顾问艾爱国，一把焊枪，能在眼镜架上"引线绣花"，能在紫铜锅炉里"修补缝纫"，也能给大型装备"把脉问诊"；航空工业沈阳飞机工业（集团）有限公司标准件中心钳工、高级技师方文墨是中国航母舰载机的一线工作者，他凭借一双手、一把刀，成功缩小了我国与发达国家航空工业的差距，保证了国产战机制造的高精度、高质量、高效率，中国航空工业集团公司在 2012 年以他的名字命名了国产航空器零部件加工精度——"文墨精度"；中铁二局二公司隧道爆破高级技师彭祥华，能在岩层间做到精准爆破，误差控制远小于规定的最小值；金川集团铜业有限公司贵金属冶炼分厂提纯班班长潘从明，数十年如一日专注于贵金属高效提炼技术，通过特定试剂溶解含稀有贵金属的矿渣，能从其溶液的颜色中迅速判断铜、铁等杂质含量……小到一枚螺丝钉、一根电缆的打磨，大到飞机、高铁等大国重器的锻造，都展现出工匠们笃实专注、严谨执着的匠心。

2016 年政府工作报告提出"要鼓励企业开展个性化定制、柔性化生产，培育精益求精的工匠精神"。2018 年起，中华全国总工会、中央广播电视总台每年联合举办"大国工匠年度人物"评选活动。

2019 年，习近平总书记对我国选手在世界技能大赛取得佳绩作出重要指示，强调"在全社会弘扬精益求精的工匠精神"，激励广大青年走技能成才、技能报国之路。2021 年 4 月，习近平总书记对全国职业教育大会作出重要指示，强调要"培养更多大国工匠"。

2021 年，劳模精神、劳动精神、工匠精神一起被纳入中国共产党人精神谱系（第一批）。

三、工匠精神解析

（一）精益求精

精益求精是工匠精神最值得称赞之处。具备工匠精神的人，对工艺品质有着不懈追求，以严谨的态度，规范地完成好每一道工艺，小到一支钢笔、大到一架飞机，每一个零件、每一道工序、每一次组装；凡事追求极致和完美，把 99% 提高到 99.99%，并愿意付出不懈的努力。

（二）一丝不苟

一丝不苟是工匠精神的基本要求。其具体表现是：严谨、专注，不投机取巧，确保每件作品的质量，对作品采取严格的检测标准，不达要求绝不轻易放弃；用心活、用心干、用心经营、用心诠释作品。

（三）爱岗敬业

爱岗敬业是工匠精神的力量源泉。"爱岗敬业"是中华民族的传统美德，是一份崇高的精神。"问渠那得清如许，为有源头活水来"，正是爱岗敬业精神激励着一代代工匠匠心筑梦。

（四）专心致志

耐心、专注、坚持，不断提升作品质量，真正的工匠在专业领域上绝对不会停止追求进步，无论是使用的材料、采用的设计还是生产流程，都会被不断完善，因为没有任何一个细节应该被忽略。

（五）别出心裁

创新是"工匠精神"的精髓，没有创新，工匠的技能只能故步自封。创新来自生活实践，做出来的作品源于生活、用于生活，别出心裁，与时俱进，是工匠必备的精神。

（六）持之以恒

持之以恒是工匠精神最为动人之处。具备工匠精神的人是向内收敛的，他们隔绝外界纷扰，凭借执着与专注从平凡中脱颖而出。他们甘于为一项技艺的传承和发展奉献毕生才智和精力。坚持一辈子只做一件事，不为世俗所感染，也不为五斗米折腰，坚持不忘初心、始终如一，坚持淡泊明志、宁静致远。

▶▶ 说一说：深入了解本行业的劳动模范，学习他们的先进事迹，谈谈你的所思所想。

劳动实践

参观学校餐饮中心后厨，与工作人员交流，写下自己的想法。

第四节 "三种精神"的内涵联系

2020年11月24日，在全国劳动模范和先进工作者表彰大会上的重要讲话中，习近平总书记精辟阐释了三种精神的科学内涵，它们分别是"崇尚劳动、热爱劳动、辛勤劳动、诚实劳动的劳动精神""爱岗敬业、争创一流、艰苦奋斗、勇于创新、淡泊名利、甘于奉献的劳模精神""执着专注、精益求精、一丝不苟、追求卓越的工匠精神"，强调这三种精神"是以爱国主义为核心的民族精神和以改革创新为核心的时代精神的生动体现，是鼓舞全党全国各族人民风雨无阻、勇敢前进的强大精神动力"。

一、从"三种精神"产生的主体来看

从"三种精神"产生的主体来看，劳模精神来自劳模群体，劳动精神来自劳动者群体，工匠精神来自工匠群体。这决定了"三种精神"内涵有其差异之处，即具有各自的特殊性。

同时，尽管主体不同，但无论是劳模还是工匠，首先都是劳动者的一员，因此，"三

种精神"的内涵又有其相通之处，即具有一定的共同性。

可以说，劳模精神和工匠精神在本质上也是一种劳动精神，是劳动精神向更高层次、更高面向的跃升。

二、从"三种精神"的逻辑关系来看

从"三种精神"的逻辑关系来看，三者涵盖了劳动精神的不同发展层次。劳动精神可分为三种层次。

第一层次是作为一个合格的劳动者应该具备的精神特征，即"崇尚劳动、热爱劳动、辛勤劳动、诚实劳动"，也就是具备想干、爱干、苦干、实干的基本劳动素养。

第二层次是作为一个专业的劳动者，也就是工匠应该具备的精神特征，即"执着专注、精益求精、一丝不苟、追求卓越"，也就是具备"懂技术、会创新"的专业劳动素养。

第三层次是作为一个模范的劳动者，也就是劳模应该具备的精神特征，即"爱岗敬业、争创一流、艰苦奋斗、勇于创新、淡泊名利、甘于奉献"，具备"有理想守信念、懂技术会创新、敢担当讲奉献"的卓越劳动素养，具有信仰坚定、胸怀全局、担当奉献、引领示范等精神品质。

三、从"三种精神"的价值导向来看

从"三种精神"的价值导向来看，劳模精神具有政治性、引领性、示范性；工匠精神具有专业性、技术性、严谨性；劳动精神则具有普遍性、广泛性、基础性。

对于劳动者而言，从劳动精神到工匠精神再到劳模精神，就意味着从一个合格的劳动者到专业的劳动者再到楷模型劳动者的变化过程，也即劳动精神（合格的劳动者）—工匠精神（专业的劳动者）—劳模精神（楷模型劳动者）。在这一过程中，也完成了崇尚劳动、热爱劳动、辛勤劳动、诚实劳动、持续性劳动、科学劳动、创造性劳动、完美劳动、引领性劳动、幸福劳动等劳动理论与实践的发展。

四、把握"三种精神"内涵关系的意义

正确认识和科学把握"三种精神"的内涵及关系，对于学习贯彻习近平总书记在全国劳动模范和先进工作者表彰大会上的重要讲话精神，进一步弘扬和践行"三种精神"，具有重要的理论意义和实践价值。

▶ 说一说：你在成长过程中做过哪些勤俭节约和甘于奉献的事情，和大家分享交流。

▶ 写一写：爱岗敬业和遵规守纪的联系。

劳动实践

参观其他学院的实训场地，与学院老师和同学们交流，写下自己的感想。

方文墨：我就是一颗被钉在航母舰载机上的大号螺丝钉

一个人不靠眼睛，纯粹凭手感，能不能加工出一样完美的产品呢？当方文墨在一米高的操作台前站定，一边的三个徒弟都屏住了呼吸，看他加工这块原材料。

方文墨加工之前，测量表的指针在一格到两格之间晃动，表明这个工件表面的最高点和最低点，高度差别在百分之一到百分之二毫米；方文墨蒙上眼睛加工以后，量表的指针只有极细微的晃动，工件的精度达到了千分之三毫米。

教科书上，人的手工锉削精度极限是千分之十毫米。而方文墨加工的精度达到了千分之三毫米，相当于头发丝的二十五分之一，这是数控机床都很难达到的精度。航空工业将这一精度命名为——"文墨精度"。

方文墨是航空工业沈阳飞机制造厂（以下简称"沈飞"）的一名 80 后钳工，也是沈飞最年轻的高级技师。

在徒弟们的眼中，师傅方文墨简直就是一个奇才，25 岁成为高级技师，拿到钳工的最高职业资格；26 岁参加全国青年职业技能大赛，夺得钳工冠军。29 岁，他成为了中航工业最年轻的首席技能专家。在 2015 年"九三胜利日大阅兵"飞过天安门的 5 架歼-15 中，有不少的核心零件，是方文墨和他的班组做出来的。

方文墨初中毕业后没有和同龄人一样考高中、上大学，而是遵循父辈的事业，考入沈飞技校学习技能，18 岁时以钳焊专业第一名的成绩进入沈飞公司工作。他前后经过了两次破格晋升，在 25 岁时成为沈飞公司历史上最年轻的高级技师，26 岁时成为本工种最年轻的全国钳工冠军。

方文墨身高 1.88 米，体重 200 斤，这样的身材，是钳工中的另类，因为他的身高比一米的工作台高了将近一倍，不少老师傅都觉得这样的身体条件，根本不可能成为出色的钳工。方文墨就不信这个邪，他把家里的阳台改造成了练功房。下班一回家，他就钻进练功房，苦练技术。正常情况下，钳工一年会换 10 多把锉刀，方文墨一年却换了 200 多把，有几次居然生生把锉刀给练断了。

每天连续四五个小时的训练，锉刀持续发出的刺耳声音，甚至让方文墨出现生理性呕吐。此间，方文墨还购买 400 余本专业书籍，整理了 20 余万字的钳工技术资料。就这样，方文墨终于凭着自己的努力，走进了沈飞军品厂的车间，还拥有了以自己名字命名的班组。寄托着长辈"舞文弄墨"期望的方文墨，却一头钻进钳工世界，一锉一磨地打造自己的梦想。他相继获得钳工、装配钳工和机修钳工 3 个高级技师证书，25 岁当上高级技师，26 岁夺得全国钳工状元。

在工业化时代，尽管很多零件都可以自动化生产，但是有的零件因为数量少、加工精度高、难度大，还是需要手工打磨。

对方文墨而言，双手是创造和灵感的源泉。握住方文墨蒲扇般的大手，厚重结实，又异常柔软细腻。

为保证手掌对加工部件的敏锐触觉，他每天都用温水浸泡双手20分钟，以去掉手上的茧子；他喜欢打篮球，但怕手受伤，不得不忍痛远离篮球；有一斤酒量的他，为避免工作和比赛时手发抖，索性把酒彻底戒掉。

手掌虽然细腻，但方文墨的手背、小臂伤痕累累。左胳膊上有一道5厘米长的暗红色烧伤，清晰可见。"这是几天前训练时溅出的火花烧的。"他淡淡地说。

一块铁疙瘩放在方文墨手里，他边打磨边拿捏，就能知道加工成合格零件还差多少、差在哪里。"我的综合素质、技能比较好，这可能需要天赋吧。"说起钳工本行，方文墨流露出自信的神情。

然而，在妻子隋艳新看来，"天赋"背后凝结着许多汗水。在她眼中，方文墨不爱唱歌、打球，"甚至没什么花钱的地方，一副眼镜修了又修，最大的爱好就是和零件、专业书打交道"。

家是方文墨的零件"王国"，几平方米的阳台被他改造成工作台。丈夫的艰辛，隋艳新看在眼中、疼在心上。

有一阵儿，苦练不止的方文墨像是着了魔。那是一个酷热的夏天，方文墨一言不发，双手辗转于机器和零件之间。火星不时飞溅，豆大的汗珠顺着头发滴落，衣服被汗水浸透了。方文墨全神贯注，反复锉磨，零件在他手中如魔方般不断变幻。不知不觉中，10个小时过去了，没吃饭的他，只靠喝水补充体力。

看着大块头的丈夫弓着身、弯着腰，一遍遍取零件、打磨、测量、再打磨……隋艳新抹着眼泪，暗下决心：一定全力支持丈夫的工作，家里什么活儿也不让他干。

钳工是机械工人中的万能工。在很多人看来，钳工枯燥乏味，又苦又累。但在方文墨眼里，钳工岗位是一个充满艺术灵感和生命活力的小世界。"通过打磨、加工，会赋予冰冷的零件以温度与情感，每当一个半成品零件加工完成后，我都觉得给了它第二次生命。"方文墨说。

方文墨不仅能把钳工的活干得很漂亮，对图纸的设计和工艺流程，他也很精通。钳工的活看似简单，但就像一个下棋高手，在下第一步的时候，就已经想好了十步以后怎么走。下刀以后，他就不会让任何工件报废。

歼-15战机的标准件中，有近70%是方文墨所在的工厂生产的。方文墨班组经常遇到加工精度高、外形复杂的活。

方文墨的工具台上，摆放着他发明的各式各样独创的工具。一个造型像海陆巡航坦克的小家伙，叫精度测量仪，灵活的小型机械臂使得测量更为简便，精度也大幅提高。这个发明不仅获得了国家专利，而且在沈飞广泛推广使用。

钳工好比武术中的剑客，"站桩"练习漫长而辛苦。为了练就精湛技艺，方文墨几乎把所有时间都用来"练功"。有同事不解地说："大墨，别装了，咱再怎么练不也就是当个工人吗？"听了这话，方文墨总是认真地说："我就是当工人的料，但我要当最好的工人，做中国最好的钳工。"

我国要缩小与发达国家航空工业的差距，保证飞机制造高精度、高质量、高效率，急需大量一流水准的技能人才。

从0.1毫米、0.05毫米，再到0.02毫米、0.003毫米，方文墨不断缩小零件加工精度，更将不断磨砺、提升作为航空蓝领青年的人生精度与无悔追求。

一次，公司接手了一项价值上千万元的国外订单，如果3个月内解决不了技术难题，不仅订单告吹，中国航空企业也会在欧洲市场丢失颜面。

方文墨和他的团队以一股不服输的劲头，刻苦攻关，大胆创新，终于啃下这个硬骨头，为中国航空企业在国际市场加了分。方文墨设计制造的"定扭矩螺纹旋合器"可以提高生产效率8倍，仅人工成本每年就为企业节约100多万元；他改进的铁合金专用丝锥，能提高工效4倍，每年节约人工成本和材料费46万余元。

方文墨在业内声名远扬。南方一家企业开出48万元的年薪向他招手。虽然家里并不宽裕，方文墨还是拒绝了这份邀请。"我们家三代同属沈飞航空人，我从一个'半成品'成长为合格航空人，我的家在这里，根也在这里。"

方文墨工作缩影

04

第四章　校园劳动实践

一、校园清洁

校园由物质环境和精神环境组成，这不仅为我们提供了舒适的学习环境，还是校园文化的重要表现形式，需要我们每个人合力维护。在一个优美、整洁、干净、卫生的生活环境中学习，可以让我们养成良好的卫生习惯，培养劳动观念，增强我们的公德意识，提高文明水准。只有师生共同努力，才能使学校校园达到"清洁、整齐、文明、有序"的标准。

校园清洁的范围一般包括教室、楼道、走廊、图书馆、宿舍、会议室等，这些地方的清洁需要师生共同的付出，保持校园清洁需从细节做起。

（一）做公共区域环境维护者

1. 物质环境和精神环境

校园的物质环境主要是指经过人们组织、改造而形成的校容校貌和校园学习环境，具体包括校容、校貌、自然物、建筑物及各种设施等。保持校园物质环境的干净、整洁，不仅能为全校师生营造一个舒适的学习环境，还有利于形成良好的卫生习惯。校园的精神环境是校园的灵魂，是学校师生认同的价值观和个性的反映，具体体现在师生的精神面貌、校风、学风、校园精神、学校形象等方面。我们应积极参与校园精神环境建设，改善校园学习风气，并形成一种积极向上的精神文化，影响身处其中的每个人。

校园的公共场所卫生一般由学校的专职卫生保洁员负责，也需要我们每个人的努力。校园公共场所的卫生我们可以按照以下规范去做。

(1) 楼道、楼梯，做到地面清洁，无痰迹、无垃圾、无污水。

(2) 洗手间、厕所，做到地面清洁，无积污水、墙面干净、上下水畅通、无跑冒滴漏、水池内外干净无污物、大小便池干净无便迹、无异味，水房厕所门干净。

(3) 公共门窗玻璃、窗台窗框，做到干净、完好、无积尘。

(4) 楼内墙壁顶棚，做到无积尘、无蛛网。

(5) 爱护公物，节约水电，所用卫生工具等要妥善保管，尽可能修旧利废。

(6) 垃圾要倒入垃圾桶（箱）内，不能随处乱倒，杜绝焚烧垃圾、树叶等污染环境的做法。

(7) 爱护环卫设施，养成良好的卫生习惯，不乱刻画、张贴。

2. 共建无烟校园

2014 年教育部下发了《关于在全国各级各类学校禁烟有关事项的通知》，文件明确：凡进入中小学、中职学校、幼儿园，任何人、任何地点、任何时间一律不准吸烟。

大量的科学研究表明，吸烟对人体健康的危害是不可逆的。世界前八位致死疾病中，有六种疾病与吸烟有关。据世界卫生组织调查，烟草每年使 800 多万人失去生命，其中有 700 多万人缘于直接使用烟草，有 120 万人属于接触二手烟雾的非吸烟者。为了预防香烟的危害，我们可采取以下措施达到共建无烟校园目的。

(1) 为了自己和他人的生命健康，也为了保护环境，应该约束自己，不抽烟。

(2) 多了解有关吸烟危害的知识，增强自制力，自觉抵制诱惑。

(3) 养成良好的习惯，早睡早起不熬夜，保持身体的健康状态。

(4) 交友谨慎，远离有不良嗜好的朋友，选择一个良好的交友圈。

(5) 积极参加控烟健康宣传活动，增强控烟意识，约束吸烟行为。

3. 维护校园环境秩序

为维护良好的校园秩序，营造一个文明、整洁、健康、高雅的校园环境，建设美丽校园、平安校园、幸福校园，应遵循以下的校园文明行为规范。

(1) 着装整洁得体，仪容端庄。

(2) 行为举止高雅，谈吐文明。

(3) 爱护学校花草树木，节约用水。

(4) 乘坐电梯遵守秩序，先下后上，相互礼让。

(5) 遵守学校环境卫生的有关规定，保持学校环境卫生，不随地吐痰、不乱扔杂物。

(6) 文明如厕，保持卫生间清洁，爱护其设施。

(7) 上课时遵守课堂纪律，候课时不在楼道内大声喧哗。

(8) 爱护教室设施，合理使用教学设备，保持干净整洁的教学环境。

(9) 不在教室、楼道楼梯、卫生间、宿舍及公共场所吸烟。

(10) 观看教学展演展示、视听公共课讲座、参加会议等活动时，主动服从现场管理，遵守秩序，爱护礼堂、会议室等设施。

(11) 进行教学和汇报演出活动时，合理使用场地及设施设备，降低分贝，防止影响学校周围和居民正常工作和生活。

(12) 自觉遵守学校各项规章制度，尊师爱友、团结和睦，共同营造积极向上的学习氛围。

(13) 参加学校组织的和省、市的教学汇报演出、比赛或研学活动时，注意安全、遵守纪律；尊重当地风俗习惯、文化传统；爱护文物古迹、旅游设施。

(14) 如遇突发事件发生，服从学校统一指挥，配合应急处置。

(15) 遵守网络信息管理的法律法规和有关规定，维护微信群安全和秩序，自觉抵制不良信息，不传播网络谣言。

（二）做寝室美化时尚者

寝室是我们学习、生活、休息的重要场所，寝室文明环境直接体现我们的精神面貌和个人素质，直接关系我们每个人的身心健康。我们应将维护整洁文明的寝室环境内化为自觉追求，外化为自觉行动，达到以下要求。

1. 达到"六净""六无""六整齐"的目标

(1) "六净"：地面干净、墙面干净、门窗干净、玻璃干净、桌椅干净、其他物品整洁干净。

(2) "六无"：无杂物、无烟蒂、无乱挂现象、无蛛网、无酒瓶、无异味。

(3) "六整齐"：桌椅摆放整齐，被褥折叠整齐，毛巾挂放整齐，书籍叠放整齐，鞋子摆放整齐，用具置放整齐。

2. 每天应自觉做到"六个一"、自觉遵守"六个不"

(1) "六个一"：叠一叠被子、扫一扫地面、擦一擦台面、整一整柜子、理一理书架、倒一倒垃圾。

(2) "六个不"：异性寝室不进出，外人来访不留宿，危险物品不能留，违规电器不使用，公共设施不损坏，果皮、纸屑不乱扔。

3. 杜绝不文明行为

在寝室杜绝不文明行为，不养宠物、不在寝室楼内抽烟，不在门口丢放垃圾、不乱用公用洗衣机等。

（三）争做文明就餐者

我们一日三餐离不开食堂，营造清洁舒适的就餐环境，不仅关系着我们的生活，而且直接体现了我们的整体形象。文明用餐是个人素质的体现，我们要从自身做起，从点滴做起，从身边做起，共同营造一个良好的就餐环境。文明就餐我们要做到以下几点。

(1) 爱惜粮食，杜绝浪费。节约粮食是尊重他人劳动的表现，也是我们每个人高尚人格的体现。

(2) 保持良好的就餐秩序，排队就餐，讲文明、讲礼貌、守公德，言语文明、举止得体。

(3) 自觉回收餐具。用餐后要把餐具和杂物带到餐具回收处，既减轻了餐厅人员的工作量，又方便了其他同学。

(4) 不要随地吐痰、乱扔餐巾纸和食物残渣，注意自己的仪表、穿着和行为。

(5) 爱护餐厅的设施，不蹬踏桌凳，不乱涂，不乱刻，不损坏电器照明等设备，维护公共卫生安全。

(6) 尊重餐厅工作人员，发现问题，不吵不闹，有问题逐级反映，妥善解决。

（四）校园清洁的基本操作流程

1. 室内保洁的基本操作流程

(1) 进行检查处理。进入室内，先查看是否有异常现象、有无损坏的物品。如发现异常，应先向学校有关部门或老师报告后再开始保洁工作。

(2) 进行推尘处理。推尘要按照先里后外、先上后下、先窗后门、先桌面后地面的顺序，先清扫天花板、墙角上的蜘蛛网和灰尘，接着抹窗户玻璃门面的灰尘，实验器材等设备挪动后要原位摆好。

(3) 进行擦抹处理。擦抹应从门口开始，由左至右或由右至左，依次擦抹室内桌椅、柜子、讲台和墙壁等。抹布应拧干，擦拭每一件物品时，应由高到低、先里后外，重点擦拭门窗、窗台等。擦门窗玻璃时，先将湿润的涂水毛头（干净的）装在伸缩杆顶部，沿顶部平行湿润玻璃，然后以垂直上落法湿润其他部分的玻璃。再用干净的抹布擦干净窗框及窗台，最后用干燥的无毛的棉布擦干净玻璃四周和中间的水珠。墙面、天花板等的清洁为定期清除（如每周清洁一次）。

(4) 进行整理归置。讲台、桌面、实验台上的主要用品，如粉笔盒、粉笔擦、实验器具等抹净后按照原位摆放整齐。

(5) 垃圾清倒处理。按照垃圾分类方法，收集垃圾，并清倒室内的纸篓、垃圾桶，及时更换垃圾袋。

(6) 清洁结束后的处理，参与保洁的人员退至门口，环视室内，确认清扫质量，然后关窗、关电、锁门。

2. 休闲空间和走廊保洁的基本操作流程

(1) 检查。进入各种休闲空间后，先查看是否有异常现象、有无已损坏的物品。如发现异常，应先向有关部门或老师报告后再进行保洁工作。

(2) 清扫。先用扫把对地面进行清洁，包括烟头、纸屑、灰尘等。

(3) 擦抹。从门口开始，由左至右或由右至左，依次擦抹室内桌椅、柜子、讲台和墙壁等。抹布应拧干，擦抹每一件物品时，应由高到低，先里后外。

(4) 整理归置。桌椅、柜子等抹净后，按照原位摆放整齐。

(5) 垃圾清倒。按照垃圾分类方法，收集垃圾，及时更换垃圾袋。

(6) 推尘。用拖把清洁地面，按照先里后外，先边角、桌下，后地面进行推尘作业。清洁结束后把桌椅、柜子等设备恢复原位摆好。

3. 公共卫生间保洁的基本操作流程

(1) 天花板的清理。用长柄扫把清扫天花板、墙面、墙角等的蜘蛛网和灰尘。

(2) 门窗玻璃门面及墙面的清理。用湿抹布配合刷子清洁玻璃、镜面和墙面上的污迹。

(3) 蹲便池和小便池的清理。先用夹子夹出大、小便器里的烟头、纸屑等杂物，然后冲水，再倒入洁厕剂，泡一会儿，再用便池刷刷洗。蹲便池、小便池内四周表面及外部表面均要清洗，检查冲水是否正常，有没有堵塞。

(4) 洗手盆的清理。用清洁剂和百洁布擦洗洗手盆。从左到右抹干净台面，用不掉毛的毛巾从上到下擦拭干净镜子；水龙头也要清洗干净，保持光亮。

(5) 更换垃圾袋。按照垃圾分类方法收集垃圾并及时更换垃圾袋。

二、环境美化

（一）绿色校园的卫生维护和能源节约

1996 年颁布的《全国环境宣传教育行动纲要》首次提出了"绿色校园"概念，它将环保意识和行动贯穿于学校的管理、教育、教学和建设的整体活动中，引导教师、学生关注环境问题，让青少年在受教育、学知识、长身体的同时，树立热爱大自然、保护地球家园的高尚情操和对环境负责任的精神；掌握基本的环境科学知识，懂得人与自然要和谐相处的基本理念；学会如何从自己开始，从身边的小事做起，积极参与保护环境的行动，在头脑中孕育可持续发展思想萌芽；让学校里所有的师生从关心学校环境到关心周围、关心社会、关心国家、关心世界，并在教育和学习中学会创新和积极实践。它不仅成为我国学校实施素质教育的重要载体，而且也逐渐成为新形势下环境教育的一种有效方式。

"空气清新，环境整洁，楼房林立，绿树环抱"，这种良好的校园环境是实现环境育人的关键，为了给自己学习创造一个优美整洁的学习生活环境，需要通过多方面的共同努力。不仅要每个人能够养成讲究卫生的好习惯，还要不断增强对校园的环境保护意识，使我们树立"校园是我家，卫生靠大家"的思想意识，从养成良好的卫生习惯做起；并且加强各项卫生制度的落实，做好平时卫生保持工作，并不断激发自己和同学的爱校荣誉感，促进大家能自觉维护校园环境卫生，爱护校园公共设施，能自觉做到不乱扔、乱倒、乱吐、乱画、乱张贴。营造人人爱绿化、讲卫生，人人爱校园的良好氛围，创造宜人环境，创建一个真正卫生、绿色的校园需要我们每个人从身边的小事做起。懂得勤俭节约，不浪费水、电和食物，不过度浪费能源等。

（二）精神美化

环境美化既包括物质的美化，例如校园建筑的设计、绿植的栽培等，也包括精神的美化，即通过文化的建设来美化校园环境。下文主要介绍班级文化建设。

班级文化是"班级群体文化"的简称。作为社会群体的班级所有或部分成员共有的信念、价值观、态度的复合体。班级成员的言行倾向、班级人际环境、班级风气等为其主体标识，班级的墙报、黑板报、活动角及教室内外环境布置等则为其物化反映。班级文化可分为"硬文化"和"软文化"。所谓硬文化，是一种"显性文化"，可以摸得着、看得见的环境文化，也就是物质文化，比如教室墙壁上的名言警句、英雄人物或世界名人的画像；摆成马蹄形、矩形、椭圆形的桌椅；展示我们书画艺术的书画长廊；激发我们探索未知世界的科普长廊；表露爱心的"小小地球村"；悬挂在教室前面的班训、班风等醒目图案和标语等。而软文化，则是一种"隐性文化"，包括制度文化、观念文化和行为文化。制度文化包括各种班级规约，构成一个制度化的法制文化环境；观念文化则是关于班级、学生、社会、人生、世界、价值的种种观念，这些观念弥漫在班级的各个角落，潜移默化地影响着我们；由制度和观念等引发出来，从我们身上表现出来的言谈举止和精神面貌，则是行为文化。

1. "硬文化"的建设

苏霍姆林斯基认为，要使教室的每一面墙壁都具有教育的作用。可见，对于教育而言，一切都可以成为它有利的素材，有效地运用空间资源，创设具有教育性、开放性、生动性且安全性的"硬文化"环境，对于陶冶我们的情操，激活我们的思维，融合师生的情感有着巨大的积极作用。对班级"硬文化"环境建设的法则是：力求朴素、大方，适合作为学生的我们，突出班级特点。

一是要注重教室的卫生。干净的教室不是打扫出来的，而是保持出来的。当我们看到地上有纸屑时就主动捡起来，课桌椅摆放整齐，小黑板、扫帚、水桶理整齐等，我们每个人都需树立主人翁的责任感——"教室就是我的家"。

二是要重视教室的布置。两侧的墙壁可以贴一些字画、人物等（由我们自己选出）；教室的四角，可以把它安排成自然角、科技角、书法角等；后面的黑板报应经常更换，由我们自己排版、策划；教室前面黑板的上方可以挂上一句班级的座右铭。教室的布置不能乱，应使各个部分都和谐统一起来。

2. "软文化"建设

建设好班级"硬文化"环境，只是给班级做了一件好看的外衣，班级真正的精神体现还要看班级"软文化"环境的建设。班级"软文化"环境是班级文化环境的核心，是最能体现班级个性的，班级整体形象的优劣最终将取决于班级"软文化"环境是否健康。在班级软文化的建设中，首先可以考虑设计班歌、班徽、班旗等，作为班级的特色标志，增强大家对班级产生认同感和自豪感。其次是班风的建设，这是班级"软文化"环境建设的重头戏，也是整个文化环境建设的核心部分。良好的班风是无声的命令，是不成规章的准则，它能使大家自觉地约束自己的思想言行，抵制和排除不符合班级利益的各种行为。班风巨大的激励作用，还能使班级中的每个人精神振作、身心愉悦，人与人之间紧密团结、高度信任，人际关系和谐，班集体由此焕发出无穷的力量和生机。

三、垃圾分类

垃圾分类，一般是指按一定规定或标准将垃圾分类储存、分类投放和分类搬运，从而转变成公共资源的一系列活动的总称。垃圾分类的目的是提高垃圾的资源价值和经济价值，力争物尽其用。

（一）垃圾分类的背景

党的十九大报告中指出："建设生态文明是中华民族永续发展的千年大计，必须树立和践行绿水青山就是金山银山的理念。""要坚定走生产发展、生活富裕、生态良好的文明发展道路，建设美丽中国，为人民创造良好生产生活环境，为全球生态安全作出贡献。"

随着社会经济发展和物质消费水平的大幅度提高，我国每年垃圾产生量迅速增长，2018年仅生活垃圾总量就增至4亿多吨，这些垃圾不仅造成了环境安全隐患，也造成资源浪费，成为人民群众反映强烈的突出问题，成为社会经济持续健康发展的制约因素。实行垃圾分类，关系广大人民群众生活环境，关系节约使用资源，也是社会文明水平的一个重要体现。

（二）垃圾种类

从国内外各城市对生活垃圾分类的方法来看，大致都是根据垃圾的成分构成、产生数量，结合本地垃圾的资源利用和处理方式来进行分类的。根据《城市生活垃圾分类标志》(GB/T 19095—2019)》，城市生活垃圾分为可回收物、有害垃圾、厨余垃圾、其他垃圾四类，如图4-1所示，城市生活垃圾分类标识如图4-2所示。除上述四大类外，家具、家用电器等大件垃圾和装修垃圾应单独分类。

| 可回收物 Recyclable | 有害垃圾 Hazardous Waste | 厨余垃圾 Food Waste | 其他垃圾 Residual Waste |

图4-1　四类城市生活垃圾

1. 可回收物

可回收物主要包括纸类、塑料、金属、玻璃和织物五大类。

(1) 纸类：主要包括报纸、期刊、图书、各种包装纸等。但是，要注意纸巾和厕所用纸由于水溶性太强不可回收。

(2) 塑料：各种塑料袋、塑料泡沫、塑料包装、一次性塑料餐盒餐具、硬塑料、塑料牙刷、塑料杯子、矿泉水瓶等。

(3) 金属：主要包括易拉罐、罐头盒等。

(4) 玻璃：主要包括各种玻璃瓶、碎玻璃片、镜子、暖瓶等。

(5) 织物：主要包括废弃衣服、桌布、洗脸巾、书包、鞋等。

这些垃圾通过综合处理回收利用，可以减少污染、节省资源。如每回收1吨废纸可造好纸850公斤，节省木材300公斤，比等量生产减少污染74%；每回收1吨塑料饮料瓶可获得0.7吨二级原料；每回收1吨废钢铁可炼好钢0.9吨，比用矿石冶炼节约成本47%，减少空气污染 75%，减少 97% 的水污染和固体废物。

可回收物	玻璃类	牛奶盒	金属类	塑料类	废纸类	织物类
厨余垃圾	骨骼内脏	菜梗菜叶	果皮	茶叶渣	残枝落叶	剩菜剩饭
有害垃圾	废电池	废墨盒	废油漆桶	过期药品	废灯管	杀虫剂
其他垃圾	宠物粪便	烟头	污染纸张	破旧陶瓷品	灰土	一次性餐具

图 4-2　城市生活垃圾分类标识

2. 厨余垃圾

厨余垃圾（也可称"湿垃圾"）是有机垃圾的一种，包括家庭厨余垃圾、餐厨垃圾、其他厨余垃圾三个小类，具体包括剩菜、剩饭、菜叶、果皮、蛋壳、茶渣、骨、贝壳等，泛指家庭生活饮食的来源生料及成品（熟食）或残留物。经生物技术就地处理堆肥，每吨可生产 0.6～0.7 吨有机肥料。

3. 其他垃圾

其他垃圾（也可称"干垃圾"），指可回收物、有害垃圾、厨余垃圾以外的其他生活垃圾。其他垃圾主要包括砖瓦陶瓷、渣土、卫生间废纸、瓷器碎片等难以回收的废弃物，其他垃圾危害较小，但无再次利用价值，是可回收垃圾、厨余垃圾、有害垃圾剩余下来的一种垃圾。一般采取填埋、焚烧、卫生分解等方法，部分可以使用生物降解。

4. 有害垃圾

有害垃圾指含有对人体健康有害的重金属、有毒的物质或者对环境造成现实危害或者潜在危害的废弃物，灯管、家用化学品、电池等小类，具体品种有荧光灯管、灯泡、电池、水银温度计、油漆桶、部分家电、过期药品、过期化妆品等。这些垃圾一般使用单独回收或填埋处理。

另外，生活中还有产生大件垃圾（例如：沙发、床垫、桌椅等）和装修垃圾（例如：碎马桶、碎石块、碎砖块、废砂浆及弃料等），应和生活垃圾分开收集，投放至指定场所或预约专门的收集运输单位上门回收。

（三）学校的垃圾分类

作为学校，垃圾分类既是培养高素质人才的需要，也是创建文明、生态校园的需要，是利在当代、功在千秋的事业。

根据学校实际情况，按照当地所在省市规定的可回收物、厨余垃圾、有害垃圾、其他垃圾四种类别进行生活垃圾分类。校园施工产生的建筑垃圾、绿化垃圾以及实验室危险废弃物垃圾等按照相关规定进行处置，严禁混入生活垃圾投放。

学校和个人应当按照规定的时间、地点，用符合要求的垃圾袋或者容器分类投放生活垃圾，不得随意抛弃、倾倒、堆放生活垃圾。

▶▶ **查一查**：无烟校园的要求。

▶▶ **说一说**：对于文明礼仪，日常我们可以从哪些方面着手？

劳动实践

分组开展校园烟头清理活动，写下这个过程中你的感想。

第二节　　义务劳动和勤工助学

一、义务劳动概述

（一）义务劳动概念

义务劳动，也称志愿劳动，是指不计定额、不要报酬、自觉自愿地为社会劳动。义务劳动，虽然只比劳动多了义务二字，但蕴涵了更大的能量与意义。《中华人民共和国劳动法》（以下简称《劳动法》）第六条是国家对劳动者提倡、鼓励行为的规定，其中提到："国家提倡劳动者参加社会义务劳动。"《现代汉语词典》对"义务劳动"一词的解释是："自愿参加的无报酬的劳动。"而"社会义务劳动"是指社会公益活动，具体一点，就是有关卫生环境、抢险救灾、帮贫扶弱等群众性福利事业的义务劳动。这种劳动是完全建立在劳动者的主动性、自觉性的基础上，体现的是劳动者崇高的社会责任感和高尚的品德。它与劳动者在劳动关系范围内的法定劳动义务不同。对于社会义务劳动，《劳动法》在其规定中也只是提倡，并没有强制性要求。作为劳动者，可以参加也可以不参加，这取决于劳动者本人的思想境界的高低，是属于道德范畴的问题。

（二）义务劳动的意义

义务劳动涉及方方面面，大至国家，小至家庭。中华民族伟大复兴以及中国梦的实现需要义务奉献牺牲精神；新时代目标任务的实现需要义务奉献牺牲精神；社会和经济发展需要全体人民发扬牺牲奉献精神；做一个品德高尚的人需要奉献牺牲精神。义务劳动，是一种精神文化的行为表现，它不可能像物质财富那样通过简单的购买和继承的方式来获得，具有不可转让性。

1. 提升劳动素质

面对日趋激烈的国际竞争，一个国家发展能否抢占先机、赢得主动，越来越取决于国民素质特别是广大劳动者的素质。素质是立身之基，技能是立业之本。作为学生参加义务劳动，可以提高我们的文明素质和道德水平，培育"民生在勤，勤则不匮"精神和责任意识，引导我们树立正确的人生观、价值观和世界观，从而促进自身的全面发展，这是一个知行合一的过程。

2. 促进个人全面发展

义务劳动能使我们的肌体充满活力，促进我们的身体发育；义务劳动，不论是体力劳动还是脑力劳动，要做出努力、耗费精力，要取得劳动成果，需要有顽强的意志和毅力，因而可以培养我们的自信心、责任心；每个人从义务劳动中培养起尊重劳动、热爱劳动、尊重劳动人民的品质，认识到劳动没有贵贱之分，只要是劳动，就能为社会增加财富，就是为社会服务，从而养成劳动光荣、不劳为耻的思想品德；义务劳动有利于培养我们的创造意识和创新精神，我们在义务劳动中既要动手，又要动脑，是一种创造性活动。

总之，义务劳动不仅能培养我们的生活技能，而且能促进我们的体力发展和智力发展，培养我们的创新精神和实践能力，养成尊重劳动的习惯。

二、义务劳动的类型和要求

当今时代是创新的时代，创造新的知识、新的技术，不是凭空想出来的，而是在艰苦的劳动中创造出来的。义务劳动创造财富，劳动创造新的思维，义务劳动也促进了人类进步。参与义务劳动对培养热爱劳动、尊重劳动、树立劳动光荣的意识十分有益。

1. 让义务劳动教育成为一种价值召唤

在观念层面，大力提倡义务劳动精神要凸显综合性与统领性，让义务劳动教育成为一种价值召唤。义务劳动教育并不狭义地指体力劳动、志愿服务或直接的生产劳动，而是基于志愿服务、体力劳动与物质生产劳动的实践活动。在家庭生活中体现为自理、自立的独立生活的活动，在职业生活中体现为通过自己力所能及的各种劳动获取物质生活资料的活动，在社会生活中体现为丰富多样的为社会作出应有贡献的公益性活动，在学校学习之中体现为与具体的学科知识相联系的实践和动手操作的、能够化知识为能力与智慧的活动。义务劳动教育不是社会、学校或家庭单方面的事情，而是这三个教育渠道相互配合、密切联系、各司其职的整体性教育。

学校的各种义务劳动可分为劳动课和校内及校外的适量的义务劳动，如义务家教、义务打扫卫生、义务植树、服务老弱病残人员、去敬老院、协助交警等。

2. 让义务劳动成为一种积极的生存方式

在实践层面，要强化激励性与基础性，让义务劳动成为一种积极的生存方式。义务劳动教育不是刻意、强制的观念和行为，而是依存于自觉意识、自觉追求和自觉行为过程中的。但是，义务劳动教育又无时不在、无处不在，它必须渗透到教育的各个环节、各个方面，成为整个教育的基础和归宿。因此，我们应该把义务劳动的理念和行为渗透到生活、学习、工作的各个环节中，使之成为一种生存方式。

在社会中，凡事以利益活动为主，以经济发展为先。但社会义务劳动，其主要目的并不是为了创造物质财富，而是为了营造精神氛围，这对于社会发展而言是更有意义的。社会义务劳动既然是一种劳动，就必然存在着各种生产要素的合理组织与利用的问题，投入与产出的比较仍然是衡量它有效与否的根本标准。近几年来，各界群众都以不同形式或多或少地参加义务劳动，为社会作出了应有的贡献。

3. 义务劳动是学生德育实践的主要形式之一

学校是培养社会主义建设者和接班人的殿堂，劳动是财富的源泉、幸福的源泉。勤于劳动、善于创造是中华民族鲜明的伟大品格。作为当代学生我们应积极参加义务劳动并在实践中提升自己，学校也要大力宣传义务劳动事迹，营造良好的氛围。学校开展义务劳动是贯彻党的教育方针和对学生进行德育教育的重要内容之一，它有利于增强我们的劳动观念、集体主义观念，有利于培养我们爱护公共财产意识，有利于促进班风、校园文明建设。

三、勤工助学的内涵和意义

勤工助学是指学生在学校的组织下利用课余时间，通过劳动取得合法报酬，用于改善学习和生活条件的社会实践活动。在我国，勤工助学是贯彻教育与生产劳动相结合的一种教育经济活动，勤工助学对于推动学生素质教育，构建新的人才培养模式，促进学生成长成才有着重要意义。

（一）勤工助学的内涵

勤工助学源于"济困"，通过俭学来达到完成学业的目的，随着社会进步和对人才需求标准的提升，我国中高职学校的勤工助学工作已由"济困"为主的阶段过渡到"济困与成才相结合的"社会实践阶段，越来越多的学生把勤工助学作为主动适应社会、参与社会实践、提升自身综合素质和能力的有效手段，勤工助学的内涵也越来越丰富、充实，完成了从纯粹"经济功能"到"人的全面发展教育功能"的转化。

1. 功能上由单纯济困向济困育人发展

如今，随着市场经济的发展，社会对复合型人才的需求不断扩大，学生价值观念和社会取向也在发生变化，成才意识日渐增强，勤工助学活动作为一项特殊的社会实践活动，其功能、内涵和作用不断得以拓展和延伸，育人功能更加突出。

2. 对象上由家庭贫困学生向全体学生发展

随着勤工助学活动的深入发展，学生对勤工助学活动的多重功能有了更深入的理解，逐渐被学生群体广泛认同，一些非贫困学生从实践锻炼的角度出发，主动加入勤工助学活动。因此，参加勤工助学的学生群体也逐渐由贫困学生向全体学生发展。

3. 类型上由普通型向专业型发展

学校在开展勤工助学活动的过程中，更加注重开发学生智力，发挥专业特色和优势，提高人才培养质量，学生参加勤工助学活动由主要从事劳务型、服务型、事务型工作岗位逐渐向从事专业型、技术型、管理型工作岗位转变，实现了专业学习、能力培养和经济资助三者的有机统一。

4. 形式上由个体自发向集体组织发展

过去学生参加勤工助学往往呈现自发性、分散性特点，存在一定的安全隐患，合法权益容易受到侵害。目前学校普遍建立了统一的管理和服务机构，制定了详细的管理规定和运行机制，同时注重勤工助学基地建设，积极拓展勤工助学市场，使勤工助学有了更加广阔的发展空间，为学生创造了良好的勤工助学环境。

（二）勤工助学的意义

1. 勤工助学实现了"济困"的功能

目前学校中很大一部分时间是由学生自由支配的，勤工助学能够让贫困学生在业余时间展示其价值，通过自己的劳动来获取报酬，缓解经济压力，已成为学校实现"济困"的重要手段。

2. 勤工助学锻炼了当代学生的思想品格

当下，学生普遍害怕吃苦，缺乏服务精神和团队意识，责任意识不强。通过勤工助学实践活动能够让学生感受到生活的艰辛，懂得什么是责任和担当，明白什么是感恩和奉献，有利于树立自信心，形成劳动光荣的观念，有利于树立正确的人生观、世界观和价值观。在团队中学会面对激烈的竞争，提高心理承受能力，培养危机意识。同时，在长期的勤工助学实践中，能够培养学生的自我约束力、劳动意识和职业道德，这些都将成为其以后人生路上的宝贵财富。

3. 勤工助学提高了学生综合能力和素质

通过勤工助学实践活动，学生的学习能力、社会能力及内省能力都能得到进一步提高。

从校内岗位到校外岗位，从懵懂跟从到独立选择，从忐忑上岗到独当一面，学生的实践能力、创新意识和独立分析问题、解决问题能力等明显提升，学生可提前接触社会，了解社会规则，调整自己的预期，改进自身不足，契合社会需求，团队意识、自律能力、心理素质也得到明显提升，社会适应能力显著提高。另外，通过勤工助学，学生的学习能力和专业素质也得到了增强，可以把学到的专业知识很好地运用到实践中去，边学习边实践，不仅可以让自己的专业知识更扎实与稳健，同时还可以从专业出发去扩展专业相应的特长，增加个人能力。

4. 勤工助学增强了学生创新创业能力

勤工助学能引导带动学生从课堂到课外，从学校到企业，从学生到职员，从兼职到就业创业，开阔了视野。学生在自己熟悉的领域经过长期实践已趋于理性，从创新的角度重新审视身边的各种资源，寻求资源的更佳配置，谋求更大的发展。学生在勤工助学过程中容易迸发出创新想法和创业激情，结合团队管理、项目运作、人际管理、目标管理等，进入一个融会贯通、将所学所思转化为所想所为的新境界，创新创业能力大大提升。

5. 勤工助学促进了学生就业

勤工助学能够不断提升学生的管理组织能力和待人处事能力，使其职业素质和职业能力全方位提升，储备优质就业和自主创业所需要的身心素质和技能。

四、勤工助学的岗位要求

（一）勤工助学实现了劳务型和智力型相结合

要促进勤工助学劳务型和智力型相结合，实现内容的多层次化。结合学生的年级和专业特点，充分发挥学生的知识和技能，开拓智力型勤工岗位，还可以与老师的科研工作相结合，这既有利于老师科研课题的完成，又有利于学生巩固知识、锻炼能力，特别是实验类型的科研项目，更能增加学生的兴趣，培养科研态度和科研能力。实地调研结果表明，目前勤工助学工作的主要内容是图书馆书籍整理、实验室仪器清洗维护、办公室卫生打扫、宿管日常值班、教室座椅的摆放等。此外，勤工岗位可以向服务型方向发展，对于不同阶段、不同需求的学生进行协调安排。因为相对智力型的工作而言，基层的服务型工作不仅一样可以培养我们待人接物的能力，学会人际沟通，还有助于我们更好地了解社会、适应社会，排除在学生中存在的眼高手低的问题，且这类工作一般要求较低，有较大需求量，适用于广大困难学生。

（二）勤工助学岗位应聘技巧

勤工助学岗位应聘应该做好充分准备，根据岗位说明书准备材料。递交书面申请后及时询问确认面试时间。面试中涉及的常见问题如下：学习期间的学习情况，如专业排名、奖学金、兼职经历、学习紧张程度、空余时间等具体问题。对这些问题尽量回答，对于自己应聘的岗位谈出认知。同时，在着装方面还要精心准备，注意面试礼仪，增加印象分。在语言表达方面，不要使用口头禅。在自我介绍时尽量让自己有特点。

▶▶▶ **说一说**：谈谈你的义务劳动和勤工助学的经历及收获。

📖 劳动实践

分组讨论学校有哪些我们能做的义务劳动，需要哪些工具？确定一项义务劳动的事项。

第三节　专业服务和创新劳动

一、专业服务

（一）专业服务的概念和类型

专业服务，是指某个组织或个人，应用某些方面的专业知识和专门知识，按照客户的需要和要求，为客户在某一领域内提供特殊服务，其知识含量和科技含量都很高，是已经获得和将要继续获得巨大发展的行业。

专业服务一般可以分为生产者专业服务和消费者专业服务。具体包括：法律服务；会计、审计和簿记服务；税收服务；咨询服务；管理服务；与计算机相关联的服务；生产技术服务；工程设计服务；集中工程服务；风景建筑服务；城市规划服务；旅游机构服务；公共关系服务；广告设计和媒体代理服务；人才猎头服务；市场调查服务、美容美发服务和其他。

（二）专业服务的特征

一是专业服务由组织或个人应用某些专业知识和专门知识或者大量的实践经验来为客户或消费者提供某一领域的特殊服务。

二是专业服务是知识和科技含量很高的服务，是少数专业人士提供的特殊服务。专业服务来自组织和组织之间，个体和个体之间的直接接触。专业服务所提供的服务是与消费同时进行的。服务方和接受方同时在供应和消费中得到新的利益。许多专业服务提供者与专业服务消费者需要在同时同地完成服务交易。

三是专业服务具有技术化、知识化的特征，使高素质的人士成为竞争的核心。专业服务在提供服务方和接受服务方之间都会形成一种委托代理关系。这种委托代理关系以契约或签定服务协议的方式固定下来。因此，专业服务是以契约为纽带提供的服务，对法律的依赖程度相当高。

二、科技活动

科技活动指所有与各科学技术领域 (包括自然科学、工程和技术、医学、农业科学、社会科学及人文科学) 中科技知识的产生、发展、传播和应用密切相关的系统活动。它包含两个方面的含义：一是这些活动必须集中于或密切关系到科技知识的产生、发展、传播和应用；二是这些活动是在自然科学、工程与技术、医学、农业科学、社会科学及人文科学领域内进行的。要积极参与科技活动，可以培养自身科技创新精神和创新能力，培养主动学习、不断追求新知识的精神，养成独立思考问题的习惯，提高勇于实践、勇于创新的能力。

（一）类型

科技活动可以分为三类：研究与试验发展活动、研究与试验发展成果应用活动和技术推广与科技服务活动。

1. 研究与试验发展活动

研究与试验发展活动是指为增加知识的总量 (包括人类、文化和社会方面的知识)，以及运用这些知识去创造新的应用而进行的系统的、创造性的工作。研究与试验发展的基本要素包括四个：一是具有创造性；二是具有新颖性；三是运用科学方法；四是产生新的知识或创造新的应用。只有同时具备这四个要素，才是研究与试验发展。

在上述条件中，创造性和新颖性是研究与试验发展的决定因素，产生新的知识或创造新的应用是创造性的具体体现，运用科学方法则是所有科学技术活动的基本特点。

2. 研究与试验发展成果应用活动

研究与试验发展成果应用活动是指为使试验发展阶段产生的新产品、材料和装置，建立的新工艺、系统和服务以及进行实质性改进后的上述各项能够投入生产或在实际中运用，解决所存在的技术问题的系统活动。它不具有创新成分，只用于自然科学、工程和技术、医学和农业科学领域，其特点有以下三个：一是为使试验发展的成果用于实际解决有关技术问题；二是运用已有知识和技术，不具有创新成分；三是成果形式是可供生产和实际使用的带有技术、工艺参数规范的图纸、技术标准、操作规范等。

研究与试验发展成果应用不包括建筑、邮电、线路等方面的常规性设计工作，但包括为达到生产目的而进行的定型设计和试制以及为扩大新产品的生产规模和新工艺、新方法、新技术的应用领域而进行的适应性试验。

3. 技术推广与科技服务活动

技术推广与科技服务活动是指与研发活动相关并有助于科学技术知识的产生、传播和应用的活动，主要包括以下几类：为扩大科技成果的适用范围而进行的示范推广工作；为用户提供信息和文献服务的系统性工作；为用户提供可行性报告、技术方案、建议及进行技术论证等技术咨询工作；自然、生物现象的日常观测、监测、资源的考察和勘探；有关社会、人文、经济现象的通用资料的收集，如统计、市场调查等，以及这些资料的常规分析与整理；对社会和公众进行的科学普及；为社会和公众提供的测试、标准化、计量、质量控制和专利服务，但不包括企业为进行正常生产而开展的这类活动。

(1) 使用面部识别码打开手机。

现在人们所使用的手机多为智能手机，所采取的解锁方式是生物识别技术，如人脸识别。举例来讲，苹果手机的 Face ID 可以 3D 显示，它照亮你的脸并在脸上放置 30 000 个不可见的红外点，以捕获脸部图像信息。它使用机器学习算法将脸部扫描与脸部扫描存储的内容进行比较，以确定试图解锁手机的人是否为本人。苹果表示，欺骗 Face ID 的机会是百万分之一。

(2) 社交媒体。

人工智能不仅在幕后工作，使你能在订阅源中看到个性化的内容 (因为它基于过去的历史了解了哪些类型的帖子最能引起您的共鸣)，还可以找出朋友的建议，识别和过滤虚假新闻，利用机器学习的方式防止网络欺凌。

(3) 发送电子邮件或消息。

如今，人们对于消息的传递方式有多种，相对比较正式一点就是邮件传送。在撰写邮件的过程中，可能会出现一些错别字，这时激活诸如语法检查和拼写检查之类的工具，以帮助检查邮件中的书写错误问题，这些工具使用的是人工智能和自然语言处理。除此之外，对于垃圾邮件的过滤也是应用人工智能技术，更重要的是，防病毒软件也是使用机器学习来保护您的电子邮件账户。

(4) Google 搜索。

当人们遇到不懂的问题时，最常用的就是通过百度等搜索引擎进行相关问题答案的寻找。不过，在这里需要注意的是，若是没有人工智能的帮助，搜索引擎无法扫描整个互联网并提供您想要的东西。同时，对于网页中那些实时出现的广告，同样也是由人工智能来进行启动的，只不过这些广告多数基于你自己的搜索历史记录，从而能进行"个性化"推送，目的是让你认为，算法能将你看中的项目放于眼前。

(5) 智能导航。

人工智能在日常生活的一大应用是支持旅行辅助，不仅包括地图、百度地图和其他旅行应用程序等，通过人工智能技术进行交通状况的实时监控，同时还可以提供实时的天气情况等，从而能更好地规划出行路线。尤其是对于上班族而言，最害怕的就是遇到"堵车"的情况，所以实时的交通道路信息就显得尤为重要。

(6) 银行业务。

如今的银行系统可以采用多种方式部署人工智能，而也正是通过它检测交易中的欺诈行为，保证资金安全。举例说明，若你通过手机进行扫描来存入支票，收到余额不足的警报时，就可以登录网上银行账户进行查询，这里就是人工智能在幕后起作用。另外，人工智能可以验证交易行为，以确定是否是一个"正常"的交易，以免有未经授权的人使用你的信用卡。

（二）学校的科技活动

科技活动是科技教育的一种重要形式，是每一个学生都应该体验和经历的，是打通学科界限，给学生运用所学知识解决问题的实践机会。所有学生都能参与科技活动，动手、动口又动脑，能够更好地激发和培养其科技创新意识。学校的科技活动主要分为三个层面：国家级的竞赛项目；省、市、县一级的竞赛项目；学校的科技活动。学校的科技活动内容丰富、形式多样，可以为学生们提供展示才能的机会。

学校科技活动的场所主要包括课堂和课外活动场所。我们要重视学校组织的有目的的科技活动，如"走进科技馆、走进企业、走进高新技术基地"等科技活动，帮助我们独立进行探索或创造活动。

三、创新创业

（一）创造是人类劳动的本质特征

人的劳动是有意识、有创造性的活动，是创造性劳动与机械性（重复）劳动的统一。在人类社会发展过程中涌现出许多创造性劳动，不同时期的创造性劳动有着不同的特点。早期的一般创造性劳动仅仅表现为劳动工具的改进和生产方法的进步。工业化以来的重大创新性创造性劳动则产生了重大的技术变革，为工业化的发展提供了动力源泉。当代飞速发展的创造性劳动，促进了科学理论的新突破，推动了一系列新原理、新学说的诞生和网络技术、信息技术、生物工程技术等一系列新技术的飞跃发展。

1. 创造性劳动的内涵与特征

一般认为创造性劳动的内涵可以阐述为：在创造性思维的支配下，具有科学知识和科学技术的劳动者，通过创造发明来改变人类与自然的物质交换过程，打破生产要素组合的均衡态，形成新的劳动要素组合和新的劳动程序，使人类劳动在前所未有的程序上进行，从而加速人类物质财富和精神财富创造的生产活动。

创造性劳动的特征有三个：一是新颖性，创造性劳动的产品（包括知识与技术）过去从来没有被公开使用过或者以其他方式为公众所知；二是价值性，创造性劳动在创造价值上表现为"乘数效应"，与一般性劳动相比对产品价值的贡献要大得多；三是风险性，创新意味着挑战和风险，创新与风险相伴而生，一切创新都是在战胜风险中实现的。

2. 创造性劳动的价值

(1) 创造性劳动是人类进化的决定因素。

人的劳动是有意识的、具有创造性的活动；动物的行为则是无意识的、条件反射的活动。这一根本区别，就决定了人有不断发展的前景。在漫长的历史时期人类在重复性劳动上所取得的创造性进步微乎其微，重复性劳动使制造工具的技艺代代相传，没有多大改变。近代以来人类劳动向高级形态发展，最主要的标志是创造性劳动的数量和水平的增长。正是创造性劳动，构成了社会生产力进步的核心内容，并驱使经济和社会关系不断演变。

(2) 创造性劳动是经济社会发展的主要动力。

近代以来，创造性劳动的质和量出现大的增长，引发了科技革命，使社会分工迅速发展，又引起了社会经济生活的一系列变化。资本积累开始从货币资本积累向知识资本积累转变，科学技术的贡献率越来越大。在现代社会，有价值的创新发明，往往比货币资本更重要、更难得。我国提出建设创新型国家的战略，大力发展创造性劳动，推进科学技术发展和自主技术创新，就是要使我国经济竞争力的内涵，从以低成本、低收入的重复性劳动为主，尽快过渡到以高收益的创造性劳动为主。

(3) 创造性劳动是个体发展的本质追求。

从客观层面来看，劳动始终是人类生存的手段；但从主观层面上看，人们还把它当作自己生活不可缺少的一种活动。人类社会发展必然走向以机器取代全部或大部分重复性劳动的阶段，使人类从繁重的、烦琐的体力劳动中解放出来，到那个时候劳动不再是简单的谋生手段，而是通过创造性的劳动寻求幸福与自由的第一需要。

（二）创新与创新思维

1. 创新

创新是指以现有的思维模式提出有别于常规或常人思路的见解为导向，利用现有的知识和物质，在特定的环境中，本着理想化需要或为满足社会需求，而改进或创造新的事物、方法、元素、路径、环境，并能获得一定有益效果的行为。

2. 创新思维

创新思维是指以新颖独创的方法解决问题的思维过程，通过这种思维能突破常规思维的界限，以超常规甚至反常规的方法、视角去思考问题，提出与众不同的解决方案，从而产生新颖的、独到的、有社会意义的思维成果。

（三）创造和创新创业

创造是指将两个或两个以上概念或事物按一定方式联系起来，主动制造客观上能被人普遍接受的事物，以达到某种目的的行为。简而言之，创造就是把以前没有的事物生产出来或者制造出来。因此，创造的一个最大特点是有意识地对世界进行探索性劳动。

创新创业是指基于技术创新、产品创新、品牌创新、服务创新、商业模式创新、管理创新、组织创新、市场创新、渠道创新等方面的某一点或几点创新而进行的创业活动。创新是创新创业的特质，创业是创新创业的目标。创新强调的是开拓性与原创性，而创业强调的是通过实际行动获取利益的行为。因此，在创新创业这一概念中，创新是创业的基础和前提，创业是创新的体现和延伸。

常见的创业模式有以下几种类型。

1. 网络创业

网络创业主要有两种形式：网上开店，在网上注册成立网络商店；网上加盟，以某个电子商务网站门店的形式经营，利用母体网站的货源和销售渠道。

2. 加盟创业

加盟创业可以分享品牌金矿、分享经营诀窍、分享资源支持，一般采取直营、委托加盟、特许加盟等形式连锁加盟，投资金额根据商品种类、店铺要求、加盟方式、技术设备的不同而不同。

3. 兼职创业

兼职创业即在工作之余再创业，可选择的兼职创业如：教师、培训师可选择兼职培训顾问；业务员可兼职代理其他产品销售；设计师可自己开设工作室；编辑、撰稿人可朝媒体、创作方面发展；会计、财务顾问可代理做账、理财；翻译可兼职口译、笔译；律师可兼职法律顾问；策划师可兼职广告、品牌、营销、公关等。

4. 内部创业

内部创业指的就是在企业公司的支持下，有创业想法的员工承担公司的部分项目或业务，并且和企业共同分享劳动成果的过程。这种创业模式的优势就是创业者无须投资就可获得很广的资源，也是很多创业者青睐的方式。

5. 团队创业

团队创业是指具有互补性或者有共同兴趣的成员组成团队进行创业。如今，创业已非纯粹追求个人英雄主义的行为，团队创业成功的概率要远高于个人独自创业。一个由研发、技术、市场融资等各方面组成，优势互补的创业团队，是创业成功的法宝，对高科技创业企业来说更是如此。

6. 大赛创业

大赛创业是利用各种创新创业大赛，获得资金和发展的平台。许多企业都是从创新竞赛中脱颖而出的，因此创业大赛也被形象地称为创业孵化器。

7. 概念创业

概念创业是凭借创意、点子、想法创业。当然，这些创业概念必须标新立异，至少在打算进入的行业或领域是个创举，只有这样，才能抢占市场先机，才能吸引风险投资的眼球。同时，这些超常规的想法还必须具有可操作性，而非天方夜谭。

（四）创新创业劳动的价值

创新创业是培育和催生经济社会发展动力的必然选择，是扩大就业实现富民之道的根本举措，是激发全社会创新潜能和创业活力的有效途径，此外，创新创业劳动还具有以下突出的价值。

1. 创新精神和创新能力深受现代企业推崇，被赋予极高的价值

创新在现代企业未来的发展中起着至关重要的作用。企业的经营离不开创新，管理也需要创新。好的创意不仅可以使企业起死回生，还会使企业兴旺发达。那些具有创新精神和创新能力的企业，都是通过不断创新，获得了更高的投资利润。

当今的世界已经进入了知识经济时代，先进的科学知识成为一个国家经济增长的主要支柱，掌握足够多的先进技术、保持较高的技术水平，才能走在世界发展的前列，才能在竞争中立于不败之地。一个人的创新能力不是与生俱来的，而是在后天的不断学习和训练中逐步提高和增强的，因此，学生应通过积极参与创新创业劳动培养自己的创新意识和能力。

2. 培养创新精神，树立创业意识，激发劳动创造力

创新精神、创业意识是当代学生必须具备的重要个人素质。通过树立实现自我价值的强烈的创新创业意识，用劳动实现人生价值，激发劳动创造力。学生要通过创新思维正确认识自己，培养创业意识来激发自我潜能，提升创业能力，从而创造出劳动价值、个人价值和社会价值。

3. 培养创新创业实践能力和分析解决问题的能力

"大众创业、万众创新"是指导国民进行创新创业、引领时代潮流变革的重要方针，是新时代中国特色社会主义对人才培养的基本要求。国家号召掀起"大众创业""草根创业"的新浪潮，形成"万众创新""人人创新"的新势态。学生在学习期间可积极参加各种创新创业劳动，立足未来岗位，不断学习新知识、新技能，充分发挥自己的聪明才智，利用掌握的知识在劳动中多搞技术革新和创新，增强劳动本领，提高劳动效率。

▶▶ **说一说**：结合所学专业和课程，我们能做哪些专业的服务？

▶▶ **写一写**：你对创新创业的理解。

劳动实践

完成上次讨论确定的义务劳动。

劳动故事

罗阳：用生命践行航空报国

"我现在眼睛还能看得清，罗阳属牛，老实、忠厚，所以我就想把这个五牛图绣好。"

"那您要把这个五牛图挂在哪里呢？"

"床头那里。"

罗阳的母亲带着记者来到房间，指了指床头上的墙面。

"挂在这里，我一进来就能看到，就会想起他。"

记者发现，在罗妈妈的床头柜上有一张罗阳的照片，照片旁有一架歼-15飞机的模型，这是罗阳耗尽一生心血造就的，它和罗阳的照片一起陪伴着母亲。

罗阳出生在一个军人家庭，"要对国忠诚，要报效祖国"是他从小到大听父母说得最多的一句话，这句话深深地刻在他的脑海里。在填写高考志愿时，罗阳填的全部都是"军工类"专业，最终他如愿以偿地被北京航空航天大学录取了。他深知，国无防不立，民无兵不安，国家要发展，国防就一定要强大。在大学期间，罗阳学习十分刻苦，即使是春节他也依然留在学校自习。

大学毕业后，罗阳被分配到航空工业沈阳所工作，正巧赶上研究所研制歼-8Ⅱ，罗阳被深深地吸引了。他加入设计团队中，从事座舱盖的研发。那时候中国的航空工业正处于低谷期，身边的同学都"跳槽"了，只有罗阳每个月拿着几十块钱的工资，乐在其中，遇到不懂的难题就去询问研究所的前辈，想方设法地把手上的资料一点点地理清弄明，就这样，他在沈阳所做了20年研究。后来他被调到了沈阳飞机工业集团有限公司（简称"沈飞"），并在2007年成为沈飞的"掌门人"。

航空母舰是先进的远洋作战工具，而航空母舰的战斗力是由舰载机的性能决定的，舰载机数量越多的国家，实力也越强。正是在这样的背景下，罗阳领导的沈飞集团接到了研制歼-15舰载机的任务，罗阳则是这个项目的工程总指挥。当时中国舰载机研制处于起步阶段，加上航空制造大国对技术的封锁，研发团队可以说是"一穷二白"，一切从零开始，摸着石头过河。

罗阳身为总指挥，却没有一点总指挥的架子，为了能在第一时间拿到研究资料，他常常奋战在科研现场、试验第一线，和飞行员、机械工程师们交流心得体会。在攻坚动员会上，他激情昂扬地对研究人员说："航空报国绝不是口号！外国人能做到的，我们中国人也一定能做到，并且做得更好！"

在舰载机机翼的研制过程中，研究团队发现想要节省航母机库和甲板的面积，舰载机的机翼就需要有折叠结构来使之折叠。折叠结构是舰载机独有的结构，对于当时的中国航空工业来说，是一个崭新的领域。为了攻破难关，罗阳特意组建了一支研制攻关团队。他领导团队不断转换思维，调整主攻方向，一次次碰钉子，一颗颗拔钉子。当时整个团队都把工作时间改为"720"，每周工作7天，每天工作20个小时。

2012年11月18日上午，罗阳乘坐着直升机登上了辽宁舰，刚下飞机，正好赶上第一架次歼-15着舰，于是他就拿着行李急匆匆地小跑到宿舍，然后直接去了海事指挥部的房间询问海试飞机每天的训练情况和今后几天的日程安排。

下午，看完海试飞行后，罗阳立即又到各个舱位、飞机塔台、方舱去熟悉工作环境。全程跟在罗阳身边的助理一直眉头紧锁着，生怕他出现任何的意外。别人可能不知道，但他最清楚不过了，罗阳前一天晚参加珠海第九届国际航空展回到沈阳已经是万家灯火。连家也没回，只是给妻子发了条短信报平安，并告诉她，自己还有一件非常重要的事情要做后便让司机直接送自己到基地。助理担心他身体吃不消，想让司机开慢些，让他有时间睡上一觉，但被罗阳制止了："我没事，你开快点，同事们都还在等着呢！"

接下来几天，罗阳基本脚不沾地。不是去向海军询问下一次试飞时间和要求，就是去找歼-15的总设计师孙聪询问飞机还有哪些地方需要改造，又或者去找司令员和参谋长询问制造的航舰机能不能满足中国海军的需求，厚厚的一个笔记本短短4天就记得满满当当，整个辽宁舰的人都看到罗阳忙碌的身影。

11月23日，歼-15正式进行首次真实着航，罗阳将眼镜擦了又擦，瞪大了眼睛紧紧地盯着战机，生怕一不小心眨了眼就错过了任何的细节。从歼-15上空到完美着航，整个过程，罗阳全身的神经都是紧绷的，他一直都和团队说，我们一手托着国家的巨额财产，一手托着战友的生命，歼-15背负了中国国防的期盼，不能有一点失误。好在，歼-15非常争气，干脆利落地完成了所有的要求。

11月24日，辽宁舰的首批舰载机全部完美地完成了航母起降的飞行训练。此时的甲板上，聚集了所有与歼-15有关的专家，这可是个难得的机会，罗阳当然不会放过，赶紧把笔记本拿出来，逐个地与他们交流、讨教，以便之后能不断完善飞机性能。

下午，把所有事情都忙完的罗阳回到舱室，迫不及待地给妻子打电话，想要和她分享此刻的喜悦。当时，罗阳的妻子王希利正准备出门，突然听到电话铃声响起，刚一接起，就听到丈夫兴奋的声音："太好了，你在家呀！"

"嗯，任务完成得怎么样了？"

其实，王希利最关心的就是丈夫的身体，但是话到嘴边却变了。

"很好！非常完美！家里还好吗？"

"嗯，都很好，妈的感冒已经好了很多了，现在能出门了。"

王希利知道丈夫心里最牵挂他的母亲，所以平时除了工作以外，王希利大部分的时间都会用来陪婆婆，好让罗阳能在外安心地工作。

"好，辛苦你了。我先挂了，明天我就回去了。"

11月25日，胜利完成中国首次航母舰载机着舰任务的"辽宁号"缓缓驶进大连港口，码头上站满了人，大家手里都挥舞着国旗，欢呼呐喊，等待着英雄们的归来。

甲板上，所有人都在激动地挥着手，只有罗阳撑着栏杆一言不发，站在身旁的同事看他脸色苍白，回想起这些天来罗阳一直在东奔西跑，基本没好好休息过，赶紧问道："老罗，你没事吧，脸色这么难看，要不要找医生看一下？"

"没事，下舰了再说。"

"辽宁号"平稳地停靠在大连码头，沈飞的工作人员早已排成一队等着欢迎罗阳。下舰后，罗阳坚持微笑着和他们每个人握手，不难看出，他的微笑里充满了疲惫。坐上车后，罗阳一直紧绷着的神经才慢慢放松下来，一瞬间，体内所有的不适一拥而上。助理陪在他身边这么多年，知道他这样的症状是突发心脏病了，连忙让司机用最快的速度去医院。但没想到，还没进急诊室，罗阳就停止了心跳，即使经过了 3 个多小时的抢救，也没能挽回他的生命。

让我国的先进战机早日装备部队，让我国的国防工业尽快缩小与发达国家的差距，是罗阳这一辈子的追求。他用汗水为中国铸就了利剑，用生命践行了"航空报国"的人生价值。斯人已逝，但他那闪闪发光的品质和精神会永远地留在人民心中。

最美奋斗者——罗阳

习近平给中国航空工业集团沈飞"罗阳青年突击队"队员们的回信

航空工业集团沈飞"罗阳青年突击队"的同志们：

你们好！来信收悉。你们以罗阳同志为榜样，扎根航空装备研制一线，在急难险重任务中携手拼搏奉献，这种团结奋斗的精神非常珍贵。

你们在信中表示，要深入学习贯彻党的二十大精神，让青春在建设航空强国的火热实践中绽放光芒，说得很好。把党的二十大描绘的宏伟蓝图变成现实，需要各行各业青年勇挑重担、冲锋在前。希望你们继续弘扬航空报国精神，心往一处想，劲往一处使，在推动航空科技自立自强上奋勇攀登，在促进航空工业高质量发展上积极作为，争做有理想、敢担当、能吃苦、肯奋斗的新时代好青年，为全面建设社会主义现代化国家、全面推进中华民族伟大复兴作出新贡献。

习近平

2022 年 11 月 12 日

05

第五章　家庭劳动实践

第一节　自我服务劳动

一、劳动能力和自我服务劳动

（一）劳动能力

劳动能力是指从事劳动所必须的体力和脑力等基本生理和心理条件与知识。广义的劳动能力，既包括生产、生活和服务中的一般性知识、技能和素养，也包括职业领域与专业领域中与具体工作相关的特殊知识、技能和素养。

劳动能力需要在认识和使用劳动工具、熟悉劳动过程中形成。与我们熟悉的记忆数学公式、物理公式和化学反应方程式这类学科学习能力不同，劳动能力不仅强调知识记忆，更强调按照预期劳动要求高效地完成任务，生产出满意的产品或提供良好的服务。劳动能力要在具体劳动中才能形成。比如在家庭劳动中，需要恰当地使用清洁工具，了解高压锅和电饭锅等厨房用具，包括熟悉它们的操作过程、操作规范和注意事项等，具备了这些具有情景性内容的能力才能称为劳动能力。

（二）自我服务劳动

自我服务劳动是青年学生们料理自己生活的各种劳动，是自己的事情自己做，涉及与自己切身相关的必备技能，如打理个人仪容仪表、做好个人卫生、整理宿舍内务、餐具清洗、学习用品整理、衣物洗涤晾晒叠放缝补等。它是最简单的一种日常劳动，日后不管我们每个人从事何种职业，自我生活劳动都是必备的。

爱劳动首先要从生活自理开始，任何一个人要培养热爱劳动的态度，需要从小做起，从自己做起，从小事做起，在自己的事情自己做的同时能为他人、为集体服务，逐渐培养自己的责任感和社会适应能力。作为新时代的学生我们应在"自己的事情自己做，家里的事情抢着做，邻里的事情帮着做"的理念下进行家庭劳动。自我服务劳动技能可促进自己进行充分的自我服务，更加独立、自主地规划自身的学习生活，解决学习生活中遇到的各种困难。

二、自我服务劳动能力提升的途径和方法

自我服务劳动能力需要循序渐进的形成，而不是一蹴而就，所以需要我们从一件件小事上要求自己去完成、去实现。

（一）自我服务意识要提升

热爱劳动是中华传统美德之一。在新时代要加强自我劳动意识的培养，强化协作意识和责任意识。一是通过成长历程的教育、法治教育和成人礼活动让自身有公民属性的责任担当；二是要从情感上尊重所有劳动者，比如保姆、快递员、保安、清洁工等；三是提升自我热爱劳动、尊重劳动、崇尚劳动、诚实劳动的意识。

（二）自理生活行动要勤快

学生要主动学习正确的生活自理方法。一方面在学校认真参加老师设计好的生活劳动讲座，观看视频；另一方面在家里要主动跟家长学习一些关于自我服务劳动的方法，要求家长多给予指导。遇到自我服务劳动方面的问题，要学会"三步走"：第一步，自己想办法解决，锻炼自己处理事务和应对突发情况的能力；第二步，与同学交流，锻炼人际交往能力；第三步，向师长求助。

（三）自我技能提升多训练

在老师和家长的帮助下制订科学的自我服务劳动培养计划，计划要根据自己年龄提出不同的自我劳动要求，逐渐提高自己独立完成自我服务劳动事项的能力。在自我服务劳动中，要多学多做，不能由父母或家人包办，摒弃"学习就已经够累的了，只要学习好就行了"的错误观点。要改变自己对劳动的错误态度，要求家长或老师放手让我们自己的事自己干，做一些力所能及的事。要想培养自己会自我服务劳动的技能就需要有一份劳动任务，如做饭、熨烫衣物、缝补衣物等，让自己反复训练、循序渐进。多参与社会实践以锻炼自我服务劳动能力。

三、自我服务劳动能力提升指南

（一）餐具清洗

自己的生活用品，特别是每天用的餐具要做好清洗消毒，一般程序是一刮、二洗、三冲、四消毒、五保洁。要做到使用一次，清洗消毒一次，同时做到餐具的专一性，不共用餐具。在家里每顿饭后洗碗要快，不要长时间浸泡。洗碗的时候先用温水把洗洁精稀释后再洗。洗完碗筷后要将其控水晾干，橱柜台面也要擦洗干净。

（二）衣物洗涤

衣物水洗有准备、洗涤、过水、干燥四个步骤。下面详细讲解前两个步骤。

1. 准备步骤

衣物洗涤前的准备工作是一项重要工作，是洗好衣物的前提。衣物洗涤前要根据各类服装不同的洗涤要求进行分类。

(1) 根据面料区分水洗与干洗、手洗与机洗。

(2) 按衣物颜色分类。衣物一般可分为白色、浅色、深色三类。

(3) 区分褪色衣物。对容易褪色的衣物要单独洗，以免串染其他衣物。

(4) 按衣物的干净程度分类。要先洗不太脏的衣物，后洗较脏的衣物，最后洗很脏的衣物。

(5) 区分内衣与外衣。内衣与外衣不能放在一起洗涤。

(6) 区分服装面料。丝绸、毛料衣物不耐碱，要用酸性或中性洗涤液洗涤，其他面料的衣物要根据面料性能选用相应的洗衣粉、洗衣皂、洗涤液洗涤。

(7) 区分有特殊脏污的服装。服装穿着过程中沾染上油渍、圆珠笔污渍等脏污是常见的，对油污较多的衣服要针对污渍采用专门方法处理后，再进行常规洗涤。

2. 洗涤阶段

洗涤阶段主要是用洗涤剂溶液对衣物进行清洗，目的是把衣物上的污垢与织物分离，洗涤前一般应分类先将衣服浸泡。

浸泡是在洗涤之前的一个短暂过程，浸泡分清水浸泡和洗涤剂溶液浸泡。洗涤剂溶液浸泡效果好，但容易使深色和易褪色的衣物掉色。丝绸、毛料以及不太脏、易褪色的衣物不能浸泡，要直接洗涤；深色衣物只能用清水浸泡，不能放入洗涤剂溶液中浸泡；使用时间较长，脏污与织物结合比较牢固的衣物，比如床单、工作服等在洗涤之前可浸泡，但浸泡时间不要太长，15～20分钟即可；脏污过分严重的衣物可适当延长浸泡时间，使污垢软化、溶解，提高洗涤质量。

家庭中洗涤分为手工洗涤和机器水洗两种。正确选择洗涤方法和洗涤剂是提高洗涤质量的重要因素，这两点未选择好会导致衣物面料、色彩受损。下面详细介绍手工洗涤的方法。

(1) 拎。用手将浸在洗涤液中的衣服拎起放下，使衣服与洗涤液发生摩擦，衣服上的污垢被溶解除去。拎的摩擦力非常小，洗涤贵重的、仅有浮尘和不太脏的衣物，大多采用拎的手法。

(2) 擦。用双手轻轻地来回擦搓衣物，以加强洗涤液与衣物的摩擦，使衣物上的污垢易于除去，一般适用于不宜重搓的衣物。

(3) 搓。用双手将带有洗涤液的衣物在洗衣擦板上搓擦，便于衣物上的污垢溶解，适用洗涤较脏的衣服。

(4) 刷。利用板刷的刷丝全面接触衣物进行单向刷洗的方法，一般用于刷洗大面积沾有污垢的部分。衣物的局部去渍也常用刷的方法，只是所用的刷子是小刷子。根据衣物的脏污程度，刷洗时摩擦力可自由掌握。

(5) 揩。揩是用毛巾或干净白布蘸洗涤液或去渍药水，在衣物的局部污渍处进行揩洗的方法。

（三）衣物熨烫

1. 熨烫步骤

(1) 熨烫机内注水。现在一般家庭常用的是电熨斗，电熨斗注水时应注意灌注冷开水，以减少水垢产生，避免喷气孔堵塞。

(2) 选择温度。熨烫机上一般会有调节温度的旋钮，使用时可根据衣物的材质选用不同的温度，也可根据衣物上的熨烫标识选用合适的温度。常见的熨烫标识及其代表的含义如图 5-1 所示。

可以熨烫	熨烫温度不能超过110℃	熨烫温度不能超过150℃	熨烫温度不能超过200℃
须垫布熨烫	须蒸气熨烫	不能蒸气熨烫	不可以熨烫

图 5-1　常见的熨烫标识及其代表的含义

(3) 熨烫。熨烫过程中应保持衣物平整，避免熨烫留下褶皱。同时，应在水温达到所调温度后再开始熨烫，因为在温度条件不够时，无法形成水蒸气。

(4) 放置。熨烫完的衣物不要马上挂入衣柜，而应先挂在通风处，待衣服完全干透之后再挂进衣柜，以免衣物发霉。

2. 几类特殊衣物的熨烫方法

(1) 棉麻衣物的熨烫方法。

熨烫温度：160～200℃。

熨烫手法：动作敏捷，但不能过快；往返不宜过多；用力不宜过猛；熨烫浅色棉麻织品时应保持匀速，以免衣料发黄。

(2) 丝质衣物的熨烫方法。

熨烫温度：110～120℃。丝质衣物需要低温熨烫，过高的温度容易导致衣物褪色、收缩、软化、变形，严重时还会损坏衣物。

熨烫手法：垫布熨烫，或熨烫衣物反面；熨烫时熨烫机要不断移动位置，不能在一个地方停留时间过久，以免产生烙印水渍，影响衣物的美观。

(3) 皮衣的熨烫方法。

熨烫温度：80℃以下。

熨烫手法：垫干燥的薄棉布进行熨烫；熨烫时用力要轻，以防烫损皮革。

(4) 毛织衣物的熨烫方法。

熨烫温度：薄款150℃以下，厚款200℃以下。

熨烫手法：先将湿布盖在布料上，再熨烫；熨烫时，熨烫机应平稳地在衣服上移动，不宜移动过快。

(5) 合成纤维衣物的熨烫方法。

熨烫温度：合成纤维种类繁多，不同的合成纤维衣物的耐热程度各不相同。

熨烫手法：初次熨烫前可先找衣物里面不明显的部位试熨，在掌握了适合的熨烫温度后再进行大面积熨烫。

（四）收纳整理

各式各样的衣服随意堆放在衣柜里，既不美观也不便于拿取。因此，我们需要合理使用衣柜空间收纳衣物。

首先，应将衣物按照样式进行分类，如分为裤子、裙子、衬衫、短袖、毛衣、外套、内衣、内裤、袜子等。

其次，将分类好的衣服一一折叠，折叠方法如图5-2所示。

最后，将折叠好的衣服按季节进行分类。属于当季衣服，可放于衣柜中容易拿取的位置；属于其他季节的衣服，可放于衣柜顶层或收纳盒、收纳袋中。另外，内衣裤、袜子等小衣物可放于抽屉中收纳。

a. 衬衫的折叠方法

T恤衫

向后对折，小而紧凑的叠放

将T恤衫紧密地叠起的关键是避免褶皱，衣领子的周围不要有折痕，把衣物向后折叠，根据放置场所的大小，决定最终的宽度。将两端折叠，再对折一次或两次都可以。

相对的一侧同样折叠，将右侧折叠，并将袖子折回，左右折叠的大小要均等。

将后身向上的放置的T恤衫摊开，抻开褶皱。握住左侧的领边，横向折叠。

再将前身向上放置，叠放起来，衣服的长度过长时，可以先将下摆稍微折叠之后，再对折。

根据放置场所的宽度，左侧向后身折叠，再将袖子折回来。

从下摆开始向上对折，整理形状和褶皱后，就基本完成了。领子的周围也要整齐。

竖立收藏的时候，进一步对折。将折叠的边缘向上并列排列，既不易松散，也可以轻松的取放。

b. 短袖的折叠方法

毛衣

结合放置的场所，改变叠衣的方法。

一定要在平整的地方叠毛衣，根据毛衣摆放的位置，调整毛衣的宽度，还要控制毛衣叠好后的厚度，防止产生褶皱。

基本的折叠方法

后身向上放置，将两个袖子向内侧折叠。使袖子保持水平。

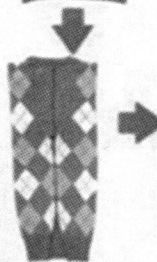

将毛衣的两侧向后身折起，宽度会减小一半。

一边注意袖子的部分，一边从距下摆的三分之一处向上折一次。

再折一次就完成了，根据放置的位置，对折两次也可以。

调节肩宽的叠法

将后身身向上，为了适合放置场所的宽度，将右侧向后身折叠。再将袖子折回，左侧同样。

将两侧对称折叠以后，从下摆的大约三分之一处折叠一次。

再折一次就完成了，结合放置处所的长度，调整折叠次数。

c. 毛衣的折叠方法

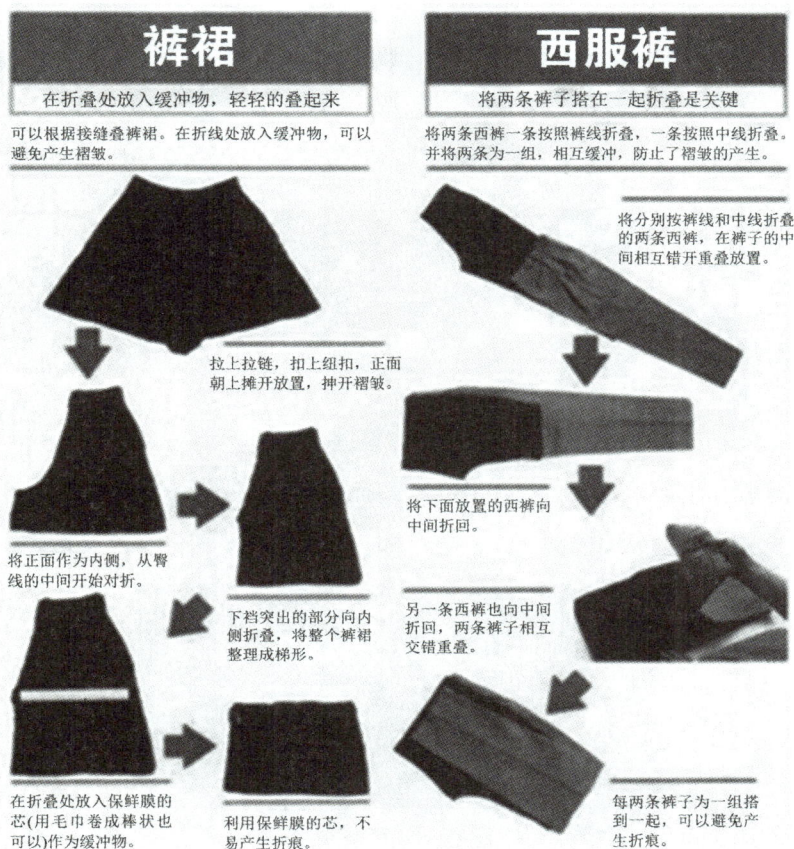

裤裙

在折叠处放入缓冲物，轻轻的叠起来

可以根据接缝叠裤裙。在折线处放入缓冲物，可以避免产生褶皱。

将正面作为内侧，从臀线的中间开始对折。

拉上拉链，扣上纽扣，正面朝上摊开放置，抻开褶皱。

下档突出的部分向内侧折叠，将整个裤裙整理成梯形。

在折叠处放入保鲜膜的芯(用毛巾卷成棒状也可以)作为缓冲物。

利用保鲜膜的芯，不易产生折痕。

西服裤

将两条裤子搭在一起折叠是关键

将两条西裤一条按照裤线折叠，一条按照中线折叠。并将两条为一组，相互缓冲，防止了褶皱的产生。

将分别按裤线和中线折叠的两条西裤，在裤子的中间相互错开重叠放置。

将下面放置的西裤向中间折回。

另一条西裤也向中间折回，两条裤子相互交错重叠。

每两条裤子为一组搭到一起，可以避免产生折痕。

d. 裤裙和西服裤的折叠方法

图 5-2　衣服的折叠方法

（五）衣服织补

在日常生活中常常遇到喜欢的衣服有破洞或脱线的情况，为了衣服能再穿，避免浪费和生活尴尬，我们需要掌握一些快速缝补衣服的方法和技巧。缝好衣服的前提是要学会常用的针法，如平针法、锁边缝、藏针法、包边缝、扣眼缝、缩针法等。

1. 常用针法

(1) 平针法。

平针法是最基础的针法，也是最常用、最简单的一种手缝方法，通常用来进行一些不需要很牢固的缝合，以及做褶裥、缩口，主要用于拼接布料和缝制布料的轮廓。缝制时要注意针脚间隔均匀，可以一次多挑几针然后拉紧线头，间隔一般为 3 毫米左右，也可根据实际情况调整。平针法也可以用来做疏缝和假缝,但针距要大,它通常用来做正式缝合前的粗略固定，为的是方便下一步的缝合，作用类似于珠针，如图 5-3 所示。

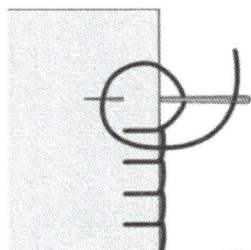

图 5-3　平针法

(2) 锁边缝。

锁边缝一般用于缝制织物的毛边，以防织物的毛边散开，包边缝和扣眼缝与锁边缝的用途相同，但这两种的装饰性和实用性更强。这三种针法如图5-4、图5-5和图5-6所示。

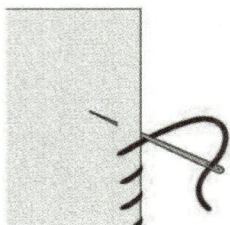　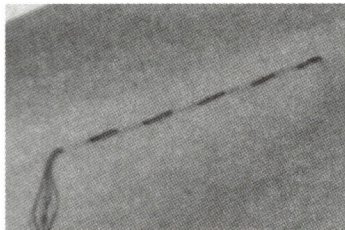　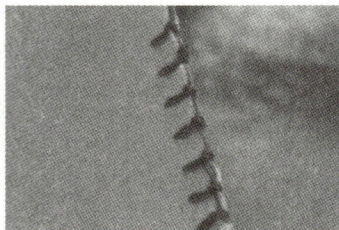

图5-4　锁边缝　　　　　　　　图5-5　包边缝　　　　　　　图5-6　扣眼缝

(3) 藏针法。

藏针法也叫贴布缝，一般用于将一块布缝在另一块布上或滚边条的缝合，这是一种很实用的方法，能够有效隐匿线的痕迹，常用于衣服上不易在反面缝合的区域，如图5-7所示。

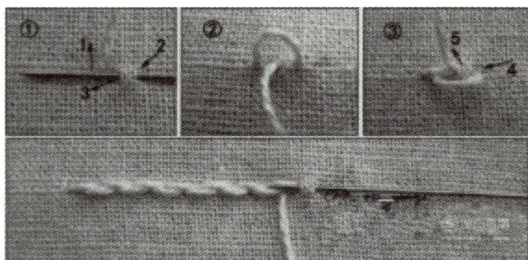

图5-7　藏针法

(4) 回针。

回针又称倒针，是一种针尖后退式的缝法，类似于机缝，是最牢固的一种手缝方法，可以防止面料开线，在起始或者希望缝得结实时使用。它有返回到一个针眼的全回缝，还有返回到前一个针距一半的半回缝。常用来缝合拉链、裤裆、肩肘部等牢固度要求较高的地方，如图5-8所示。

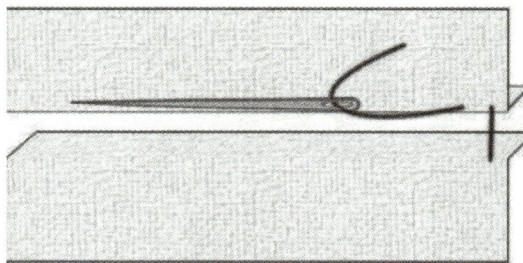

图5-8　回针

2. 缝补衣服妙招

衣服破洞后可以采用以下几种处理方法。

(1) 布贴法。

衣服破了小洞，可以根据破洞的大小选择与衣服颜色风格相近的布贴，将布贴覆盖在破洞处，再用电熨斗加热熨平整。如果怕不牢固可以用和布贴同色系的线，再稍微给布贴缝两针，用于加固布贴，就不会担心布贴掉下来了。例如，牛仔服若有破洞可以用布贴法缝上一块花布或同色系的布，结果会有意想不到的效果。

(2) 刺绣法。

如果你是个巧手的人，可以完全发挥自己的想象，在破洞处做一个刺绣，使刺绣风格和衣服浑然一体，不仅挽救了破洞，同时也给衣服增色不少。如果自己没有这手艺，也可请专业人士帮忙。

(3) 巧用小装饰物。

在衣服的小破洞处缝上个小装饰物，这个方法特别适合追求时尚的学生。比如，一个漂亮小挂件可以掩盖破洞的同时也显得服装更加有特色，体现了服装中蕴含的青春气息。如果衣服破洞的位置正好在上衣的正前方或者胸前，可以用一枚漂亮的胸针来遮挡小破洞。

(4) 专业织补。

如果衣服面料很好，而且价格昂贵，比如西装之类的，那么以上的方法就不适用了，可以选择到专业的服装织补店去织补。

▮▶ **说一说**：你在家里做过哪些劳动，这些劳动经历对你现在有哪些帮助？

▮▶ **写一写**：通过专业技术的学习，今后能为家里创造哪些劳动价值？

劳动实践

以寝室为单位，整理寝室，并相互参观寝室，收集一些好的整理建议。

第二节　日常生活劳动

一、家庭日常清洁和整理

（一）扫地拖地

1. 扫地小技巧

(1) 清扫室内地面宜用按扫的方式，即扫地时扫帚尽量不离地面；挥动扫把时，可稍微用力向下压，这样既能把灰尘、垃圾扫净，又能防止灰尘扬起；清扫时一般采用从狭窄处扫向宽广处、从边角处扫向中央处、从屋里扫向门口的清扫顺序。

(2) 地上头发多时，可将废弃的旧丝袜套在扫把上扫地。由于丝袜会和地面产生静电效应，很容易就能吸附起地上的毛发和灰尘。

(3) 清扫楼梯时，可以站在下一阶，将垃圾从左右两端扫至中央再往下扫。这样能有效防止垃圾、灰尘从楼梯旁掉下去。

(4) 清扫室外区域时，应顺着风向扫，以免扫好的区域被再次刮脏。

2. 拖地小技巧

(1) 巧用食盐。用温水加上食盐拖地，不仅能加快地上水分的蒸发速度，不留水渍，还能杀菌、抑菌。

(2) 巧用洗洁精、醋和小苏打。在擦洗地板的水中加入少量洗洁精、醋或小苏打，擦洗地板时不仅能轻松除尘，还能有效去油污。

(3) 巧用柠檬汁。柠檬汁中的烟酸和有机酸具有杀菌作用。拖地的时候，在水里加少量柠檬汁或柠檬精油，既能有效杀菌，又能保持空气清新。

（二）门窗除垢

首先，清洁门窗边框。清洁时，应先用废旧牙刷或专用的小刷子清理缝隙里的污渍，再整体擦拭门窗边框。然后，清洁玻璃。清洁时，第一遍用湿布擦拭，第二遍用干报纸擦拭。最后，用干报纸擦拭不仅可以擦干玻璃上的水分，还能避免在玻璃上留下痕迹，让玻璃更加干净明亮。对于有纱窗的窗户，可不定时用湿布擦拭纱窗，避免纱窗上堆积灰尘。

（三）床上用品清洁

床上用品会与皮肤直接接触，应及时清洁。一般来说，床上用品的清洗间隔应根据季节来判断。夏季建议一周清洗一次，冬季建议两周清洗一次。清洗时，最好挑一个晴朗的天气，以便清洗完的床上用品能够接受紫外线的照射，从而有效杀除细菌和螨虫。

（四）家具清洁

家具上有了灰尘，不要用鸡毛掸之类拂扫，因为飞扬的灰尘会最终还是会落到家具上，应该用半干半湿的抹布抹除家具上的灰尘，这样才会抹干净。对家具进行清洁保养时的注意事项如下。

1. 一定先要确定所用的抹布是否干净

当清洁或拭去灰尘之后，一定要翻面或者换一块干净的抹布再使用。不要偷懒而一再重复使用已经弄脏的那一面，这样只会使污物反复在家具表面摩擦，反而会损坏家具的亮光表层。此外，抹布使用完后，切记要洗净晾干。

2. 要选对护理剂

想要维持家具原有的亮度，可以选择家具护理喷蜡或清洁保养剂等家具保养品。前者主要针对各种木质、聚酯、油漆、防火胶板等材质的家具；后者适用于各种木制、玻璃、合成木或美耐板等材质的家具。

3.喷蜡和清洁保养剂的使用

护理喷蜡和清洁保养剂使用前，最好先将其摇匀，然后直握喷雾罐，呈 45°角，让罐内的液体成分能在不失压力的状态下被完全释放出来。之后对着干抹布在距离约 15 cm 的地方轻轻喷一下，如此再来擦拭家具，便能起到很好的清洁保养效果。至于带有布料材质的家具，如布艺沙发、休闲靠垫，则可以使用清洁地毯的清洁保养剂。使用时，先用吸尘器将灰尘吸除，再将地毯清洁剂少量喷在湿布上擦拭即可。

二、家庭绿植养护

选择与室内环境搭配的绿植来装饰家居环境，已经成为一种时尚，如图 5-9 所示。下文简单介绍绿植养护管理的基本技巧。

图 5-9　床边和客厅的绿植

（一）家庭绿植的功能分类

1.抗辐射的观赏植物

有的绿植具有吸收电磁辐射的作用，在家里或办公室中摆放这些植物，可有效减少各种电器电子产品产生的电磁辐射污染。这些植物主要有仙人掌、宝石花、红景天等多肉植物。

2.驱虫杀菌的观赏植物

有的植物具有特殊的香气或气味，对人无害，而蚊子、蟑螂、苍蝇等害虫闻到就会避而远之。这些特殊的香气或气味，还可以抑制或杀灭细菌和病毒。这些植物包括月见草、除虫菊、野菊花、紫茉莉、柠檬、紫薇、茉莉、兰花、丁香花、苍术、玉米花、蒲公英、薄荷等。

3.能吸收有毒化学物质的观赏植物

目前，化学原料在室内装修过程中的应用越来越广泛，装修过后的房间，常常残留着一些有毒的化学物质。因此，在居室内摆放一些能吸收有毒化学物质的花草，能起到净化空气的作用。研究发现，虎尾兰与吊兰可吸收室内 80% 以上的有害气体，特别适宜在装修后的房间内摆放。除了这两种，常见的能吸收有毒化学物质的植物还有芦荟、一叶兰、龟背竹、常春藤、万年青、米兰等。

（二）家庭绿植养护常识

1. 光和温度

在室内养护盆栽植物，最关键的是要保持适宜的温度和一定的光照，避免养在过度阴暗的地方，当然也要避免养在过度暴晒的环境。有一些喜阴的植物，在光线明亮的地方不能生长良好，而一些开花的植物则需要适当的光照才能孕育花朵。这些植物要摆放在通风透光的地方，避免放在空调或暖气的出风口，更不要摆放在大型电器旁边，而且在夏天和冬天不能贴着窗户的玻璃，否则容易被晒伤或冻伤。

(1) 对光照的敏感性。

绿植花卉根据对光照的要求分为以下三大类。一是阳性花卉：喜阳光，如玉兰、月季、石榴、梅花、三色堇、半枝莲等；二是中性花卉：对光要求不严，如茉莉、桂花、地锦等；三是阴性花卉：不喜阳光，如文竹、龟背竹、绿萝、橡皮树、竹笋、龙白树等。

(2) 对光照时间要求。

根据对光照的时间要求分为以下三大类。一是长日照花卉：需每天日照 12 小时以上，如鸢尾、翠菊、凤仙花等；二是中日照花卉：如香石竹、月季等；三是短日照花卉：如一品红、菊花等。

(3) 对温度要求。

一是耐寒花卉：能忍耐零下 20 度左右的低温，如迎春、海棠、榆叶梅、玉簪、丁香、萱草、紫藤等；二是半耐寒花卉：能忍耐零下 5 度左右的低温，如郁金香、月季、菊花、石榴、芍药等；三是不耐寒花卉：如文竹、一叶兰、鹤望兰、变叶木、一品红、扶桑、马蹄莲及多肉植物等。

2. 浇水注意事项

过度浇水会导致植物的根系腐烂，土壤长期积水，土壤里面就不会透气，最终导致植物根系腐烂。在栽种植物的时候，可以选择一些排水性能好的花盆，在排水孔的位置摆放一些颗粒石或碎瓦片再栽种植物。在植物的生长旺季可以适当保持土壤湿润，但是秋冬季节温度降低，就要控制浇水，等土壤干透后再浇水。

(1) 如何判断绿植是否需要浇水。

判断绿植是否需要浇水，我们可以用以下方法：一是观察法：土壤变浅或发白、叶片萎蔫则应浇水，若颜色为深褐色则不需要浇水；二是触感法：若土壤为粉末状则土壤太干，若土壤为团粒状则不需浇水；三是工具法：购买土壤湿度计或者土壤测试仪，准确判断土壤相关参数。

(2) 浇水的原则。

绿植浇水原则如下：一是浇水时间：夏天宜在傍晚及清晨，冬天则在中午时分；二是浇水遵循"见干则浇，不干不浇，浇则浇透"的原则；三是水的要求：自来水应晾晒1～2天再使用，将氯气挥发掉，并且能提高水温，切勿使用茶叶水等生活废水。

(3) 浇水方法和禁忌。

以根部的土壤浇水为主，适当叶部喷水，尤其是阔叶植物。

夏日居家绿植浇水禁忌：一是切忌在高温正午浇水，冷水会损伤根部，致叶部供水不足；二是暴雨过后要看下花盆是否排水正常，若底部有积水要及时清理；若底部不湿则不要随意减少浇水量，夏季蒸腾作用较强，避免绿植缺水枯萎；三是观叶植物不要频繁浇水，否则会出现烂根现象，建议一周检查1～2次，表面土壤微干再补充水分。

(4) 浇水的注意事项。

一是注意水质：按照镁盐、钙的多少分为硬水和软水，浇花以软水为好，雨水最理想，其次是河水和池塘水，自来水要晾一天再用，使水中氯气充分挥发；二是注意水温：不要骤冷骤热；三是注意水量：春多，宜午浇；夏足，宜早、晚浇；秋天少浇；冬天根据盆的干湿，几天浇一次。

3. 肥料

植物养护久了就会缺乏肥料，盆架养护的植物就更为如此，特别是生长一两年没有换盆的植物，可以在植物的生长旺季定期施肥，一般3～4周给一次稀薄的有机液肥。在植物的花期之前可以定期补充一些磷酸二氢钾，促进孕育花朵，如果是喜欢微酸性土壤的植物，则要定期补充硫酸亚铁溶液。在秋冬季节温度降低之后就要避免施肥，否则会影响植物生长。施肥之后要浇透水，避免叶子或枝条上有肥料残留。

(1) 追肥的注意事项：一是根外追肥；二是尿素追肥，也可用尿素水喷施叶面；三是要使花朵大、花色艳，可用磷酸二氢钾，有利于花芽分化；四是对缺铁黄叶，喷施硫酸亚铁最好，如茶花、栀子花、含笑等；五是可浇硼水，可防止落花落蕾，对提高花数和花质很有好处；六是追肥一定要注意量，尿素、磷酸二氢钾为0.2%～0.3%，硫酸亚铁0.3%～0.5%，硼为0.05%～0.1%；七是追肥时间一般在上午10点前或傍晚，不要忽视叶片背面的喷施。

(2) 沤肥制作法。用草、落叶、秸秆等，加适量水、畜便、人粪尿和少量石灰，入坑堆成长方形，用土盖上，沤制一定时间，既可杀虫杀草，又可使有机成分迅速分解。

4. 换盆注意事项

盆栽养护的植物，肥力一般只能维持一年左右，如果是生长缓慢的植物，则可以维持两三年，时间久了就需要定期换盆，一般是在植物的生长季节进行换盆，将旧土去掉，重新换入新的土壤，如果根系枯萎或根系生长过度旺盛，还需要修剪根系之后再换盆，小心不要弄伤根茎。

为了防止土壤板结变硬，要注意以下事项：一是要增施有机肥；二是适当掺沙；三是排水、松土。

5. 病虫害防治

如果植物叶片上有灰尘，就会影响植物进行光合作用，需要定期用海绵或湿润的软布擦拭叶片，定期给植物喷雾状水。如果发现植物的叶片上长出一些黑色、褐色或红色的斑点，很有可能是感染真菌，需要及时剪掉病叶、病枝，将花盆里面的残叶清除，5~7天喷一次百菌清或甲基托布津溶液。另外植物发现虫害也要及时处理，及时喷杀虫剂。

防治病虫害，应掌握"以防为主"的原则，加强管理，注意通风、透光、浇水、施肥等养护工作，使花木生长茁壮，增强自身抵御病虫害的能力。一旦发现病虫危害，要及早采取措施，做到"治早、治小、治了"，以防蔓延。

（三）室内常见绿植的实用养护方法

1. 绿萝

喜水，三四天浇一次水，浇透，不要直晒太阳，放在有光线的地方即可。

2. 君子兰

半个月浇一次水，不要完全浇透，刚浇完水后放在太阳光不强的阳台上晾几天，否则会因太湿致根部腐烂。不宜太阳暴晒。

3. 月季

对环境适应性很强，性喜温暖，在平均气温22~25℃时生长最适宜，生长期阳光必须充足，月季花必须剪枝，冬季最好放入窖里使其冬眠，来年三月中旬左右取出剪枝即可。

4. 发财树

不喜欢水，20天喷洒少量水，或给底盘倒点水，不能晒太阳，若经常一次性浇透就会死去，谨慎浇水。

四、家庭照护

家庭照护指对患有严重疾病、身体功能失调、慢性精神功能障碍等患者提供的照护。家庭照护是对老年人进行照护的首要形式，它的服务内容包括基本的医疗护理服务、个人照料、情感和社会支持等。

（一）生命体征测量

生命体征包括体温、脉搏、呼吸、血压，它是标志生命活动存在与质量的重要征象，是评估身体的重要项目之一。以下是基础的生命体征测量方法。

1. 测量体温

协助被测家人解开衣物，有汗应擦干腋下，将体温计水银端放置于其腋窝深处贴紧皮肤、屈臂过胸夹紧，十分钟后取出体温计。

2. 测量脉搏

协助被测家人手臂放松，手臂平放，然后我们将自己的食指、中指、无名指的指端放在其桡动脉表面，计数 30 秒。正常成人的脉搏为 60～100 次／分，老年人可慢至 55～75 次／分。

3. 测量呼吸

观察被测人腹部或胸部的起伏，一呼一吸为一次，计数 30 秒。

（二）老年照料

孝与感恩是中华民族传统美德的基本元素。中华传统文化包括敬养父母、生育后代、推恩及人、忠孝两全、缅怀先祖等，是一个由个体到整体，修身、齐家、治国、平天下的多元文化体系。它强调幼敬长、下尊上，要求晚辈尊敬老人，子女孝敬父母，爱护、照顾、赡养老人，使老人们颐养天年，享受天伦之乐，这种精神无论过去、现在还是将来，都具有普遍的社会意义。

1. 老年人的需要

为了更好地照料家中老人，需要从以下几方面来注意满足老年人的基本需要。

(1) 食物：注意老人的膳食营养，为不能自理的家中老人喂食和喂水。

(2) 排泄：帮助不能自理的老人进行排便、排尿，及时清除排泄物。

(3) 舒适：营造安静、清洁、温度适宜的休养环境。

(4) 活动和休息：帮助老人适当活动，并尽可能促进老人的正常睡眠。

(5) 安全：防止老年人跌倒、噎食、误吸、损伤，保持皮肤的完整性。

(6) 爱和归属：营造良好的休养环境和人际环境，促进老人的人际交往，帮助老人及时与家人联系与沟通，并给予精神上的关心。

(7) 尊重：运用沟通技巧，维护老年人的自尊，保护老年人的隐私。

(8) 审美：协助整理老年人的容貌、衣着修饰，使其保持良好的精神状态。

2. 老年人的生活照料

老年人生活照料的内容有：个人清洁卫生、衣着照料、修饰照料、饮食照料、如厕协助、口腔清洁、皮肤清洁、压疮预防、便溺护理等。

(1) 个人清洁卫生，包括洗脸、洗手、洗头（包括床上洗头）、洗脚，协助整理个人物品，清洁平整床铺，更换床单等。

(2) 衣着照料，包括协助穿脱衣裤、帮助扣扣子、更换衣裤、整理衣物等。

(3) 修饰照料，包括梳头、化妆、剪指甲和协助理发、修面等。

(5) 饮食照料，包括协助用膳、饮水，或喂饭、喂水、管饲等。

(6) 如厕协助，包括定时提醒老人上厕、协助如厕，使用便盆、尿壶等。

(7) 口腔清洁护理，包括刷牙、漱口，协助清洁口腔、假牙的清洁保养等。

(8) 皮肤清洁护理，包括擦浴、沐浴等。

(9) 压疮预防，包括保持床单干燥、清洁、平整；定时翻身更换卧位，防局部受压过久，按摩受压部位促进血液循环；保持皮肤干燥、清洁，预防皮肤受伤等。

(10) 便溺护理，包括清洗、更换尿布等。

（三）家人住院陪护

家人生病需要住院，我们可以提供一些力所能及的服务为家人分忧解难，如承担部分陪护工作。

1. 照料病人的日常起居

(1) 协助起床、洗脸、洗手、刷牙、漱口、梳头等。

(2) 协助进餐、饮水、加餐等。

(3) 清洗使用过的餐具。

(4) 协助排泄大小便。

(5) 晚上睡觉前为其洗脚或泡脚，并协助其入睡。

(6) 协助医护人员观察病情。

(7) 协助按时、按量服药。

(8) 协助下床活动或散步。

(9) 陪送其做各种检查。

(10) 进行必要的心理疏导。

(11) 整理病床、床头桌的卫生。

(12) 清洁其个人用品和衣物。注意衣物的清洁消毒方法，对衣物和便器等用品进行清洁、消毒，并妥善保管。

2. 医院陪护常识

若想成为一名合格的陪护者，需要了解一些陪护常识。同时，每家医院都有自己的一套"入院须知"，应浏览。重点提示如下。

(1) 现在医院一般都提供住宿的常用物品，如床单、被褥、热水瓶等，病人和陪伴家属只需准备个人用品即可。建议携带以下用品：衣物、水杯、洗漱用品（肥皂、牙刷、牙膏、脸盆、毛巾）、日常餐具、纸巾、拖鞋等。

(2) 病人须先到门诊或病房开具住院证。凭住院证，到所住科室的护理站办理住院病历，测量体温、脉搏、呼吸、血压等，听取护士介绍病区情况及住院注意事项，并领取住院所用物品，交纳物品押金。

(3) 要事先了解所住科室和医院的基本情况。要熟悉住院药房、交费处、查账处、洗澡间、消防通道等位置的布局；同时，要知悉家人的管床医生、护士，并同他们建立联系。

(4) 医院属于公共场所，人员很杂，一定要妥善保管好贵重物品和金钱。

(5) 住院期间为进行诊断会安排一些检查，多在住院当天或第二天完成。大型的检查，医生一般会征求病人或陪护者的意见。如不同意，可婉转地表示要"考虑考虑"或"同家人商量一下"，给自己留有余地。

（6）一般住院 3 天后，医院会给出一个诊断和治疗的初步意见，并对治疗效果做初步判断。病人或陪护者在此时可明确提出心中疑问：为什么要用这种药，有没有作用类似而价格低廉的，需要住院多长时间等？病人伙食如何安排？住院时病情突然变化，该找谁？住院期间每一位病人都有固定的管床医生和责任护士为其提供诊治服务，当病情有变化时，可向他们反映，晚间则可向值班的医生、护士反映。

（7）为保证正常的治疗秩序，医院大都规定上午治疗查房时间谢绝探视，探视时间大多定在下午和晚间。

（8）年龄大的老人行走不便、情绪不稳，陪伴要注意病人跌倒或出现意外。

（9）入院时需缴纳预付款；治疗期间可在医院设立的查询柜台查询。发现疑问时，可及时向病区护士反映。

（10）如果对医院的治疗、护理等工作不满意，可向医院医务处、科主任、科护士长反馈。

（11）如何观察术后病人？我们可协助医护人员观察体温、脉搏、面色、呼吸、血压和小便等。如病人感觉不适，发热和心跳快等，应向医生、护士报告。

（12）一般的手术，术后 6 小时才可进食，腹部手术的病人，要腹部通气后方可进流质。

（13）术后要早点活动。根据手术的大小和术后的病情，在经过医生准许的前提下，争取早点下床活动。腹部手术麻醉清醒后即可下床活动或在床上活动，以防止腹胀和肠黏连。肥胖病人应多活动四肢，防止静脉血栓形成。

（14）出院前应请主管医生写好出院小结，小结里一般详细记载了本次住院的重要检查结果和治疗手段，对病人的康复和进一步治疗至关重要。需要出院带药，也要请医生交代清楚。

▶▶ **想一想**：再次回过头看看自己的每日劳动计划，是否还在坚持，如果没有坚持，想想是受到什么因素的影响？

▶▶ **说一说**：你为家里老人做过哪些事？这些事给你的感受如何？

🏷 **劳动实践**

利用周末或假期时间主动为家里做件力所能及的事。

第三节　日常家务劳动

一、认识和使用家庭常用工具

很多人在日常生活中都会遇到水管漏水、墙地面破损以及开关插座失效等问题。这些家居中与居住使用密切相关的小问题，稍不注意就容易导致大难题。面对这些问题，很多人常常感到束手无策，叫人来修理，不仅要收费，而且不能及时解决问题；自己动手，看似挺简单的事情，做起来又觉得费劲。其实，大多数家居维修工作都不难，主要在于你对其是否了解，是否有正确的维修方法。不同类型的劳动需要不同的工具，在居家生活中，我们通常会使用到五金工具、针线工具和厨房用具。家庭常用工具见表5-1。

表 5-1　家庭常用工具

工具图片与名称	工具特点	工具功能	使用技巧/注意事项
电动螺丝刀 	相对手动螺丝刀，使用起来不费力 体积不大，但能伸能缩，在狭小的空间里也能运用自如	组装玩具 维修家电 安装家具	使用正确握姿垂直对准操作对象 按压力度适中
多功能刀钳 	集合了老虎钳、螺丝刀、小手锯、小刀和起瓶器等的功能 符合人体工程学设计要求	剪电缆线或者其他金属线 装卸螺丝或者其他物品 开啤酒或罐头等	避免夹伤虎口皮肤 使用时要给予一定的握力，防止操作对象打滑
羊角拔钉锤 	锤子的一种，一头是圆的，一头扁平向下弯曲并且开 V 字口 应用杠杆原理省力 塑胶把手，起到防滑作用	钉钉子 撬开其他工具和设备等 去鳞片 开瓶盖	使用腕挥方法，使用手腕的动作进行锤击运动，将钉子顺直地钉入木材内
扳手 	扳手是一种常用的安装与拆卸工具，家庭可购买多功能型扳手 轻便耐用	拆卸面盆下水器和水龙头起泡器 安装淋浴花洒龙头 安装厨房龙头、阀芯压盖、常用 4 分接口软管等	所选用的扭矩扳手必须与螺栓或螺母的尺寸符合，避免损坏螺件六角 按照操作螺件的松紧要求选择正确转向

工具图片与名称	工具特点	工具功能	使用技巧/注意事项
曲线锯	轻便小巧 使用方便	切割木块 切割箱体 切割小型金属	根据切割的材质选择不同的锯片 一般沿着直线切割物体，有曲线切割物体等特殊需要时，要避免刀片碎裂造成伤害
搅蒜器	采用手拉绳的方式搅碎 刀片锋利，拉绳耐磨，省时省力，方便使用和清洗，卫生安全	打碎蒜泥 打碎辣椒 打碎蔬菜	将蒜放入容器后盖好盖子，轻轻拉几下完成搅拌 不要使用太大的力气，避免绳子断开
家用包饺子器	人性化设计，操作快捷简单 厚实耐用，表面光滑，易清洗	包饺子	将饺子皮和馅放在上面，一压即可成型 馅料不可放太多，避免饺子无法封口
手动榨汁机	人性化设计，操作简单 出汁率高，清洗方便	榨果汁	将果蔬放好，一压即可出汁 使用完后要及时清洗以免产生异味

　　除了以上常用工具外，家庭中的木工和园艺工作也需要恰当、有效的工具。木工和园艺的工具一般都储存在工具袋、工具箱或者工具屋中，一般包括测量工具、切碎工具、紧固工具、敲打工具、挖掘工具、造型工具和装饰工具。有兴趣的同学可以网上查找相关使用说明资料。

二、厨房劳动

　　在厨房里，自己动手洗、切、炒、煮、烤，能充分体验各种制作美食的乐趣，还可以培养自身的动手能力、对材料的支配能力、解决问题的能力、成就感和自信心，更培养了一种乐观的生活态度。厨房劳动也能让我们体会和感受父母劳动的艰辛，学会珍惜和感恩。

（一）厨房清洁

厨房是居家保洁中的难点和重点，保持厨房卫生是十分重要的。厨房清洁卫生包括食品卫生、餐具卫生、存储卫生、个人卫生、厨房环境卫生和厨具卫生，厨房的卫生与否和人的健康有很大关系。俗话说"病从口入"，这里的"病"就是指被污染的食物和环境。保持厨房卫生应从下述几个方面着手。

(1) 保持厨房内外的环境卫生，注意通风，及时清扫污物、垃圾。

(2) 厨房的家具、炊具、餐具要经常清洗、消毒，摆放整齐。

(3) 各种调料、蔬菜、肉类要妥善存放，防止串味变质。

一般厨房清洁工作可分成六大部分，油烟机、灶台、储物柜、炊具餐具、地板和垃圾，我们可以逐个处理，掌握清洁要领后，厨房就能焕然一新。厨房的清洁主要工作是与油污的对抗，只要把油污处理干净，厨房大部分就干净了。厨房清洁包含的项目、操作要求和质量标准如表 5-2 所示。

表 5-2　厨房清洁包含的项目、操作要求和质量标准

序号	清洁项目	操作要求	质量标准
1	清洗油烟机	取出厨房清洁剂，喷在油烟机上有油污的地方。把一块抹布浸湿，擦洗油烟机上的污渍，实在清除不掉的，用钢丝球或者毛刷刷干净即可。最后，再用清洗干净的抹布擦去清洁剂残留物	油烟机上无油污
2	清洗灶台	在灶台上喷上厨房专用清洁剂，然后用毛刷或是钢丝球将油渍清除。如果实在清除不了，可以洒一点煤油试一下，但要注意避火，新污渍应及时处理	灶台无肉眼可见的污渍，整个台面光洁
3	储物柜清洁与整理	存放碗筷的地方要清洁干燥，以免滋生细菌，并尽量与存放其他物品的储物柜分开	储物柜无水渍，干净、整洁
4	炊具和碗筷清洗	在化开洗洁精的水里洗完一遍后，用流水冲洗炊具和碗筷，清除残留的洗洁精，炊具清洗后晾干，碗筷放入消毒柜消毒	炊具、碗筷无洗洁精残留，干净
5	打扫地板	先用扫帚将地上的垃圾清扫干净，装入垃圾桶中，然后用湿拖把将地板拖洗一遍，最后用干毛巾或者干拖把清理地板上的水分和残余垃圾	地板干净，没有污渍
6	倒掉垃圾	将清扫出的厨房垃圾分类倒入室外的垃圾桶	厨房无垃圾

（二）处理常见食材

不同的食材有不同的处理方法，我们把一些日常食材的初步处理方法进行了整理，如表 5-3 所示。

表 5-3　日常食材的初步处理方法

食材名称	初步处理方法
青椒	1. 将青椒洗净后掰开 2. 去除蒂和内部的籽
芹菜	1. 芹菜洗净，择下芹菜叶子 2. 撕去芹菜梗表面的粗丝
黄瓜	1. 黄瓜洗净，加少许盐用清水浸泡 2. 带刺黄瓜要用刷子刷洗
冬瓜	1. 冬瓜用刷子刷洗干净 2. 用削皮刀削去硬皮 3. 去皮冬瓜一切两半 4. 挖去冬瓜瓤
苦瓜	1. 苦瓜用刷子刷洗净 2. 剖开 3. 挖去苦瓜瓤
南瓜	1. 南瓜用菜瓜布刷干净 2. 对半剖开 3. 用汤匙将瓤挖出 4. 用菜刀将南瓜皮削去，削时注意菜刀要贴着皮，不要削太厚
甘蓝	1. 甘蓝洗净，根部朝上放在案板上，左手按住，用长水果刀顺根切入 2 厘米，刀尖朝菜心 2. 将水果刀顺着菜根旋转切一圈 3. 将刀尖向上一手撬，菜根就撬下来了 4. 从根部可以将菜叶完整地剥下来 5. 菜叶放入加少许盐的清水中浸泡，再洗净即可
洋葱	1. 剥去洋葱外层干皮 2. 切去洋葱两头 3. 切圈：洋葱横放在案板上，直刀切出洋葱圈 4. 切丝：洋葱对半切开，切丝
花椰菜	1. 花椰菜切开冲洗一下 2. 掰成小块 3. 放入加了少许盐的清水中浸泡片刻即可
芸豆	1. 芸豆择去两侧筋 2. 清洗干净 3. 用手将芸豆掰成段

续表一

食材名称	初步处理方法
豆芽	1. 豆芽择去豆皮 2. 掐去根须 3. 洗净即可
西红柿	1. 西红柿冲洗一下 2. 放入烧开的水中烫一下 3. 取出西红柿，很容易就可将皮剥去
干木耳	1. 干木耳用水冲洗一下 2. 用淘米水泡发干木耳 3. 泡发好的木耳清洗干净 4. 切除未泡发的部分 5. 剪去硬蒂，撕成小朵即可
干香菇	1. 干香菇冲洗一下，用沸水泡至回软 2. 捞出泡发好的香菇，用剪刀剪去根部，漂洗去泥沙杂质
干蘑菇	1. 干蘑菇冲洗一下 2. 用温水泡发蘑菇 3. 蘑菇泡发好后洗净，擦干
竹笋	1. 用刀从笋尖至笋根划一刀 2. 从开口处把笋壳整个剥掉 3. 靠近笋尖的部分斜切成块 4. 靠近根部的部分横切成片
莲藕	1. 将莲藕从藕结处切开，切去两头 2. 用削皮刀削去莲藕的表皮 3. 将去皮莲藕用清水清洗干净，如果不马上使用，要用清水浸泡，以防止变黑
猪肉	1. 用清水洗净 2. 剔去猪肉上的筋膜 3. 斜刀切片
牛肉	1. 新鲜牛肉洗净 2. 横刀切片
羊肉	1. 用清水洗净 2. 剔去羊肉上的筋膜 3. 斜刀切片
鸡翅	1. 鸡翅冲洗干净，擦干，放在火上稍微烤一下 2. 用手搓一搓，鸡翅上大部分的毛就去掉了
鸡腿	1. 用刀在鸡腿侧面剖一刀，露出鸡腿骨 2. 剥离鸡腿肉，用刀背在腿骨靠近末端处拍一下，敲断腿骨 3. 将腿骨周围的肉剥开，将腿骨取出 4. 将整个鸡腿肉平摊开，去掉筋膜，肉厚的地方画花刀，再用刀背将肉敲松即可

食材名称	初步处理方法
鲤鱼	1. 鲤鱼放在案板上，用刀从鱼尾向鱼头方向刮鱼鳞，冲洗干净 2. 用刀切去鱼鳍 3. 用手挖去鱼鳃（也可以用剪刀） 4. 将筷子伸入鱼腹中，转动筷子将鱼内脏弄出来 5. 用清水将鱼身内外的黏液和血污洗净即可
带鱼	1. 轻刮带鱼身上的鱼鳞，不要刮破鱼皮，如果是新鲜带鱼，可不必去鳞 2. 用剪刀沿着鱼背剪去背鳍 3. 切去鱼的尖嘴和细尾，再用剪刀沿着鱼的口部至脐部剖开，剔去内脏和鱼鳃，最后用清水把鱼身冲洗干净即可
墨鱼	1. 从市场买回来的墨鱼，通常已经去掉外皮、内脏，可直接用水冲洗干净 2. 将墨鱼褶皱裙边撕开，剥除皮膜 3. 去除头足部位的脏污 4. 用手剥除头足部位中心最硬的部位 5. 切下头足部位，将眼睛、口等用剪刀剪掉即可
虾	1. 用剪刀剪去虾须 2. 剪去虾足 3. 将牙签从虾背第二节上的壳间穿过 4. 挑出黑色的虾线，洗净虾即可
鲜蛤蜊	1. 蛤蜊用水冲洗一下，放入盆中 2. 盆中加入清水，放少许食盐、香油 3. 泡3~5小时后蛤蜊的沙子吐得差不多了，再次洗净即可
和面	1. 面粉放入面盆中，分次加清水 2. 边加水边搅，直到成雪花状的小面片 3. 用手揉成均匀的面团即可，揉面过程中如感觉太干，可酌量加入清水

（三）烹制家常菜肴

1. 醋熘土豆丝（图5-10)

材料：土豆。

调料：小辣椒、花椒、蒜。

做法：

① 把土豆去皮切丝，越细越好，再把青红椒切丝，蒜瓣切粒；

② 土豆丝过冷水去淀粉，这样炒出来口感脆；

③ 准备好盐和白醋，用白醋会使菜品看着色彩干净；

④ 开火、放炒锅、添油；

⑤ 油温热时，把花椒粒放进去，炸出香味，花椒一定要捞出不要；

⑥ 油热时，把辣椒丝和蒜粒放入爆出香味，倒入准备好的土豆丝，掂锅翻炒几下；

⑦ 放白醋，放盐，动作要快，再翻炒几下，使盐味更匀；

⑧ 菜熟装盘、整形，一盘酸辣脆爽的土豆丝就完成了。

图 5-10　醋熘土豆丝

2. 炒青菜（图 5-11）

材料：青菜。

调料：鸡精、盐、大蒜。

做法：

① 将大蒜、青菜分别洗净，切好备用；

② 热锅中倒一点油，把切好的大蒜倒入油中，闻到蒜香后，将切好的青菜倒入；

③ 加一点水，盖上锅盖焖一会儿，大火持续 3 分钟后，放盐、鸡精进去，翻炒均匀；

④ 大火收汁后，立即出锅，味道很鲜美。

图 5-11　炒青菜

3. 椒油炝藕片 (图 5-12)

材料：莲藕 500 克。

调料：盐 3 克、姜 10 克、胡麻油 20 克、醋 10 克、味精 3 克。

做法：

① 姜洗干净去皮切成末；

② 鲜藕洗净削去黑皮，切成薄片，放入凉水内稍洗；

③ 锅中放适量清水，烧开后倒进莲藕焯熟，捞进凉开水里，待晾凉后沥干；

④ 藕片加精盐、酱油、醋、味精拌匀盛入盘内，放上姜末，最后用花椒油炝在藕片上即可。

图 5-12　椒油炝藕片

4. 宫保鸡丁 (图 5-13)

材料：鸡脯肉 500 克、炸花生米 50 克。

调料：食用油、香油 1 小匙、酱油 1 大匙、料酒 1 大匙、香醋 1 小匙、精盐 1 小匙、白糖 1 小匙、味精 1 小匙、大蒜 5 瓣、干辣椒 10 个、淀粉适量。

图 5-13　宫保鸡丁

做法：

① 鸡肉洗净切丁，用蛋清、盐、淀粉腌拌均匀；蒜洗净切末；

② 食用油入锅烧热，鸡丁下锅炸熟，捞起沥油；

③ 锅中留油少许，爆香干辣椒、蒜，再下入鸡丁翻炒；

④ 最后放酱油、料酒、味精、糖、醋、香油炒匀并勾芡，最后加入花生米炒匀即可。

5. 糖醋排骨（图 5-14)

材料：肋排 500 克、香葱 1 棵、生姜 1 块、大蒜 2 瓣、淀粉适量。

调料：食用油 500 克、酱油 1/2 大匙、香醋 1 大匙、精盐 1/2 小匙、白糖 1 大匙、味精 1/2 小匙。

做法：

① 排骨洗净剁成小段；姜、蒜洗净切片；香葱洗净切末；

② 锅内放油，烧至五成热时，将排骨炸至表面呈焦黄色时捞起沥油；

③ 锅内留底油，加入盐、酱油、味精、姜片、蒜片，与排骨同炒，倒入没过排骨面的温水，大火烧开，改小火炖煮 30 分钟；

④ 排骨入味香软时，加糖、醋、香葱末，用水淀粉勾芡，大火收浓汁即可。

图 5-14　糖醋排骨

（四）制作家常主食

说到主食我们总会想到米饭和馒头，其实主食的种类有很多种，在这里我们谈一下蒸米饭和蒸馒头的基本做法和注意事项。

1. 蒸米饭

蒸米饭的基本做法很简单，分为两步：第一步，将米洗干净，放入要用来蒸米饭的容器中，加入清水；第二步，盖上盖后，放在火上或插上电即可。

蒸米饭的注意事项有以下四点。

① 洗米。记住洗米不要超过 3 次，如果超过 3 次后，米里的营养就会大量流失，这样蒸出来的米饭香味也会减少。

② 泡米。先把米在冷水里浸泡半个小时，这样可以让米粒充分地吸收水分，这样蒸出来米饭会粒粒饱满。

③ 米和水的比例。蒸米饭时，米和水的比例应该是 1∶1.2。有一个特别简单的方法来测量水的量，用食指放入米水里，水不可超过食指的第一个关节。

④ 增香。如果家里的米已经是陈米，没关系，陈米也可以蒸出新米的味道。就是在经过前三道工序后，我们在锅里加入少量的精盐或花生油，记住花生油是必须烧熟后晾凉的，只要在锅里加入少许即可。

2. 蒸馒头

食材：面粉或麦芯小麦粉。

辅料：酵母粉、温水。

做法：

① 揉面前的准备。揉面前需要先添加酵母粉，酵母粉与面粉的比例是 1∶100，也就是说 500 克的面粉，加 5 克的酵母粉。将酵母粉放到 30 度的温水中化开，融化酵母粉的水量也量取好，一般制作 500 克面粉会用 50 毫升的水来化酵母，酵母化开后加入到面粉中。

② 揉面。用筷子将面粉搅拌成雪花状再开始动手揉面，这样揉面一点也不粘手，揉好面后盖上纱布开始发面。

③ 发面。很多人蒸馒头不成功，是因为发面发不够久或者面发得太过了，判断面是否发好的方法非常的简单，只要用手指粘一些面粉插入到面团里，面团不会缩，这就说明面已经发好了。

④ 二次发酵。将发酵好面团揉成光滑的面团，然后再将面团揉成条状，分成相同大小，揉成圆形后盖上纱布进行二次发酵。想要简单一些，就做刀切馒头，将面团揉成长条形，然后切成均等大小。二次发酵的时间，夏天为 20 分钟，冬天 30~40 分钟。

⑤ 冷水下锅蒸。等馒头二次发酵完成就可以开始蒸馒头了，冷水下锅，先大火烧水，等水烧开后，转中火再蒸 15 分钟即可。

⑥ 开锅。馒头蒸好几分钟后开锅。

注意事项：

① 面粉选择。蒸馒头非常关键的一步就是选择面粉，建议选择多用途麦芯粉，即中筋面粉。麦芯粉做出的馒头，面香味浓。

② 揉面程度。面要揉到面光、盆光、手光，即"三光"。

③ 二次发酵。要想馒头松软绵密，一定不能少了二次发酵。

④ 防止收缩。馒头蒸熟后先不着急打开锅盖，要过几分钟再打开锅盖，这样馒头就不会马上收缩。

⑤ 增加甜度。爱吃甜馒头可以适当调入糖，在加水的时候可以加入适量白砂糖。

（五）家庭营养膳食原则

人体是由物质组成的，人体要维持生命并保持健康就必须不断补充消耗掉的物质。营养是生命的源泉、健康的根本。对于 6 岁以上的正常人群，国家卫生健康委员会发布了膳食指南，我们可按照以下十条原则安排我们自己和家人的膳食。

1. 食物多样，粗细搭配

每种食物都有不同的营养素，只有最大限度地增加食物的种类，才能避免营养不良。粗细搭配不单单是建议经常吃粗杂粮，而且涉及主食的加工方式。例如：稻米、小麦不可碾磨得太精，否则谷粒表层所含的 B 族维生素、矿物质等营养素和膳食纤维等将会大部分流失于糠麸之中。建议每天最好能吃 50 克以上的粗粮。

2. 多吃蔬果，不忘薯类

蔬菜水分含量丰富，能量低，富含植物化学物质，是给人体提供微量营养素、膳食纤维和天然抗氧化物的重要来源。成人每天应该摄入 300～500 克，也就是说每顿饭至少要有 1～3 份蔬菜，而蔬菜尽量选择深色的。

除了蔬菜和水果，薯类食品也应该成为餐桌上的常客，应每周吃五次左右，比如红薯，一次可以食用一块，但注意避免油炸。

3. 每天要吃奶类、大豆

奶类营养成分齐全、组成比例适宜、容易消化吸收，奶类除含丰富的优质蛋白质和维生素外，含钙量较高，且利用率也很高，是膳食钙质的极好来源。建议每人每天饮奶 300 毫升或相当量的奶制品。

相比其他杂豆，大豆的营养构成有很大的区别。大豆的蛋白质可以达到 50%，氨基酸组成是比较平衡合理的，建议每人每天摄入 30～50 克大豆或相当量的大豆制品。

4. 适量进食鱼、禽、蛋、瘦肉

鱼、禽、蛋、瘦肉等动物性食物是优质蛋白质、脂溶性维生素和矿物质的良好来源，如与谷类或豆类食物搭配食用，可以明显发挥蛋白质互补作用。建议每人每天可吃一个鸡蛋，鱼肉或鸡肉 50～100 克，猪肉提倡吃瘦的。

5. 饮食清淡少油、盐

不合理的烹调油摄入量，以及高盐饮食会导致肥胖人群和高血压人群的增长。因此，做菜时尽量清淡。建议烹调油每人每天不超过 30 克，食盐不超过 6 克。

6. 食不过量，天天运动

吃得过饱、缺乏运动是当前慢性病高发的主要危害因素，因此控制食量、增加运动必不可少。建议每顿吃七八分饱为宜，每天不少于 30 分钟的有氧运动。

7. 三餐合理，零食适当

按适合个人的健康体重计算出每天所需要的总热量，然后再按早、中、晚三餐各 1/3 的比例摄入热量；也可按早餐 1/5、中餐 2/5、晚餐 2/5 安排一天三餐的进食量。总热量等于 25～35/(kcal/kg) × 健康体重。

建议零食可在两餐之间食用，要选择富有营养的食品，如牛奶、酸奶、水果、蛋糕、肉松、牛肉干和干果等。

8. 足量饮水，少喝饮料

在温和气候条件下生活的轻体力活动成年人每日至少饮水 1200 毫升（约 6 杯），在高温或强体力劳动条件下应适当增加。在水的选择上，建议首选白开水，碳酸类饮料尽量少喝，因为它会给人体增加多余的热量。还可选择一些果汁、奶制品。

9. 饮酒限量，忌空腹喝

成年男性一天饮用酒的酒精量不超过 25 克，相当于白酒 1 两、啤酒 250 毫升、葡萄酒 100 毫升；成年女性一天不超过 15 克。最好不要空腹喝酒，切忌一醉方休或借酒浇愁。

10. 新鲜卫生，少吃剩饭

食物选择首先要新鲜、卫生。有关调查显示，刚摘下来的蔬菜每过一天，营养素就会减半。每次做饭菜，尽量按量做，避免吃剩菜剩饭，少吃熏制、腌制、酱制食品。

▶▶▶ **说一说**：你在家里有没有维修过坏了的物品，或者烹饪过一道美食，别人给你的评价如何？

劳动实践

前往食品工程学院，以组为单位，学习烹饪技能，并根据现有食材制作佳肴，互相品尝，给予评价。（本节劳动实践分校区自拟）

劳动故事

孙刚：力求做好每一件小事

一心想做精品零件

1991 年，孙刚从技工学校毕业，进入黎阳机械厂从事车工工作。

航空发动机由上万个零件组成，一旦某个零件发生故障，很可能就会机毁人亡。年轻的孙刚那时候经常有这样一个想法，当工人就像做一个合格的零件，哪怕个头小，也要本领过硬。

为此，孙刚日复一日地勤学苦练，在公司青工赛中连续三届蝉联车工冠军。

2002 年，他把当时还比较新鲜的数控机床技术给"啃下来"。那时候，孙刚白天上班，晚上自学相关理论和编程知识，有时在睡梦里还在"琢磨"，利用业余时间边操作边演示边总结。

他一次次在全国普通车工和数控车工技能比赛中取得突破，成为车工领域的行家里手，并获得了全国技术能手、贵州省劳动模范和贵州省有突出贡献高技能人才等荣誉称号，入选中央企业"百名杰出工匠"培养支持计划。

2011 年，孙刚被总公司聘为中国航发数控车工首席技能专家，享受国务院政府特殊津贴。同期，公司为他成立了劳模创新工作室，他和伙伴们的研究攻关有了阵地。2021 年，孙刚又获得了中华技能大奖。

一门心思解难题

参加工作 30 年来，孙刚和工作室的伙伴们在航空发动机关键技术、重要难加工零件等方面开展了一系列研究攻关，取得了诸多技术突破，大大提高了工作效率和交付质量。

在孙刚的车间分厂，有一台 20 世纪 60 年代传下来的六角车床，当时，因为工艺特殊，只有这台老旧车床能完成某产品零件加工，劳动强度大不说，效率还特别低。看着这样的情景，孙刚急在心里，一心要攻克这个难题。他找来十多种钻头，查阅了几百本工艺文件，白天一有空就待在车间试验。半年过去，孙刚利用休息时间试验加工了 2000 多个零件，逐渐找到了最优化工艺，加工效率大大提升。

近年来，孙刚又开始了新一轮的技术攻关，一点点研究自动化生产线，根据钻头的磨损情况，关注零件的质量把控，提出优化方案，大大降低了加工成本。

孙刚工作留影

一心一意带新人

孙刚下定决心要带出更多高技能人才。2012 年，孙刚被我校聘为数控专业教师，公司、学校两头跑。分厂规定，凡是新入职分厂的员工，都要在孙刚的工作室学习半年，才能陆续进入各岗位。

在孙刚的带领下，团队成员攻克多个生产、技术瓶颈，获得科技成果 5 项、技术专利 10 项，先后涌现出 20 余名航空发动机生产领域技术能手。他和徒弟们大胆地对零件加工的工艺规程进行优化改进，对加工机床进行调试调整，制作了大量专用工具，攻克了一个个高强度齿轮加工难题。

"为国产航空发动机铸造强劲持久的'中国心'，需要有一大批高技能人才保驾护航。我将不遗余力培育新生力量，为加快建设航空强国作出新的更大贡献。"孙刚郑重地说。

初心于方寸，咫尺在匠心。在车工这个航空发动机事业的平凡岗位上，孙刚始终无私地挥洒着汗水，无悔地弘扬着工匠精神，用实际行动诠释新时代知识型、创新型产业工人的人生价值，在平凡中铸就伟大。

06

第六章 社会劳动实践

社会实践和社会调查

一、社会实践认知

（一）社会实践的内涵

1. 社会实践的定义

广义的社会实践，是指人类能动地改造自然和改变社会的全部活动。学生社会实践活动是指教学计划以外学生参与社会中的各种实践活动，是学生在学校结合其培养目标的引导下以学校为依托，以社会为舞台，开展的接触社会、了解社会、服务社会，并从中接受教育、培养综合素质的一系列有组织、有计划活动的总称。

学生社会实践是培养学生创新精神和实践能力、提升学生综合素质的良好载体，是实施素质教育的一种良好形式。学生参加实践活动，对德智体美劳本身来说是课堂教育的延续，主要以学生个人主动参与及体验为主，是巩固所学知识、吸收新知识、发展智能的重要途径，它不受教学大纲的限制，学生可以在这个课堂里自由驰骋，发挥自己的才能。

党的十九大以来，习近平总书记在各大重要会议中多次谈到立德树人，他认为，立德树人是教育之本，离不开各类社会实践活动，新时代的学校教育，更要践行"教育与生产实践相结合"的教育方针，开展当代学生喜闻乐见的社会实践活动，发挥实践育人的功效。自 1997 年学生"三下乡"暑期社会实践活动拉开帷幕以来，社会实践作为学生成长成才的重要载体，越来越被国家和社会高度重视。各学校充分利用寒暑假时间，指导学生开展形式多样、内容丰富的实践活动，带领学生走出校门、融入社会、体验民情、提升自我。近年来，学生参加社会实践的育人成效日益突出，尤其在塑造学生个人品质方面发挥了明显作用。

2. 社会实践活动的特点

社会实践活动具有实践性、开放性、生成性和自主性等特点，为学生综合素质的提升，特别是创新精神和实践能力的培养，提供了广阔的空间。学校学习的最终目的是要学以致用，为以后的社会生活积累必要的知识储备。社会实践活动可以使我们对书本知识在实际生活中的应用有一个练习的机会，同时也使我们对社会有一个初步的了解，在这种双向了解的过程中，我们能够学习社会知识，实现社会化，为以后融入社会生活做好铺垫和准备。在动手的过程中，我们能够体会课本知识，发展自己的动手能力。充分利用在校期间的以学习为主、学好和掌握科技知识的有力条件，在社会实践中磨炼自己，才能真正锻炼和提高自己的适应能力。

3. 社会实践的原则

学生社会实践的总体要求是：全面贯彻党的教育方针，遵循学生成长规律和教育规律，以了解社会、服务社会为主要内容，以形式多样的活动为载体，以稳定的实践基地为依托，以建立长效机制为保障，引导学生走出校门、深入基层、深入群众、深入实际，开展教学实践、专业实习、军政训练、社会调查、生产劳动、志愿服务、公益活动、科技发明和勤工助学等，在实践中受教育、长才干、作贡献，树立正确的世界观、人生观和价值观，努力成长为中国特色社会主义事业的合格建设者和可靠接班人。开展社会实践工作有以下原则：

(1) 坚持育人为本，牢固树立实践育人的思想，把提高学生思想政治素质作为首要任务。

(2) 坚持理论联系实际，提高社会实践的针对性、实效性和吸引力、感染力。

(3) 坚持课内与课外相结合，集中与分散相结合，确保每一个学生都能参加社会实践，确保思想政治教育贯穿于社会实践的全过程。

(4) 坚持受教育、长才干、作贡献，保证学生社会实践长期健康发展。

(5) 坚持整合资源，调动校内外各方面积极性，努力形成全社会支持学生社会实践的良好局面。

4. 社会实践存在的问题

(1) 社会实践时间较短，内容缺乏创新。有调查显示，超过80%的学生在学校阶段每年都会参加社会实践活动；其中54.2%的团队实践时间不到一周，30%的团队实践会持续两周到四周，只有16%的团队实践会持续超过一个月。

(2) 学校和社会缺乏对社会实践的指导及保障机制。

(3) 学生对社会实践的认识不准确。不少人认为实践活动是旅游，是打工，这些错误的认识使得学生在实践过程中得不到锻炼，达不到实践活动真正的育人效果。

(4) 家长及社会支持度不高。

（二）学生社会实践的组织形式和活动类型

1. 组织形式

(1) 个人分散活动。其内容丰富多彩，涉及社会方方面面。按区域划分，有农村的、有城市的、有内地的、有沿海的；按内容划分，有政策宣讲的、有科技扶贫的、有爱心公益的、有专业实习的、有支教扶贫的等。

(2) 团队集体组织。以团队的形式组成社会实践小分队，分赴各地开展内容丰富的社会实践活动。

2. 学生社会实践活动的类型

(1) 理论政策普及宣讲。深入农村乡镇、城市社区等，重点围绕习近平新时代中国特色社会主义思想，开展宣讲报告、学习座谈、调查研究等形式的社会实践活动。开展"社会主义核心价值观宣讲"专项行动，通过演讲、座谈、专题咨询会等多种方式向基层干部群众宣传新政策。

(2) 历史成就观察。重点围绕中华人民共和国成立以来，尤其是党的十八大以来国家的发展，开展参观考察、国情调研、学习体验等形式的社会实践活动，使学生在实践寻访活动中走向社会、接触社会、了解社会，感受经济社会发展取得的巨大成就，树立"劳动创造财富，奋斗成就人生"的价值观念。

(3) 校友走访。组织学生深入各地，寻访成功校友，分享校友的成功经验，寻找人生坐标，谋划职业生涯。还可以深入了解学校的办学历程，通过考察和实践来激发学生学习的积极性和主动性。

(4) 文化宣传服务。以弘扬时代精神、倡导文明新风为目标，组织学生开展暑期文艺演出，精心编排基层人民群众喜闻乐见、贴近基层生活实际，以反映新时代、新生活、新风尚为内容的文艺节目，到乡村巡回演出，传播科学知识，倡导健康生活方式，丰富基层群众文化生活，促进农村精神文明建设。

(5) 创新创业实践。走进各类创业园、软件园、高新开发区，走访创新创业领军人物，通过调查、座谈、访谈等方式，学习创新创业典型的成长故事，了解有关专业毕业生的就业状况，掌握社会就业岗位和行业人才需求信息，培养职业素养和创新素质，提升创新创业能力。

(6) 教育关爱帮扶。组织学生深入基础教育薄弱、教育资源匮乏、学前儿童相对集中的山区、乡(镇)村学校等开展学前儿童陪护支教服务活动，为当地学前儿童提供文化兴趣引导、心理辅导、亲情陪伴、文体活动、爱心捐赠等志愿服务；开展与当地幼儿教师的交流分享活动，促进基层师资水平的提高；探索学校与落后地区幼儿学校结对帮扶的长效机制，开展山区学前儿童生存状况调查和相关志愿服务活动。

(7) 创新理论实践。重点发挥"青年马克思主义者培养工程"学员和学生骨干的作用，深入社区、农村从事挂职助管工作，开展基层群众公共需求调研，依托相关学科面向基层工作人员开展社会管理知识培训，为建立健全基层社会管理机制和服务体系、减少和化解基层社会矛盾作贡献。

(8) 美丽中国实践。重点围绕美丽中国建设，开展环境治理、水资源保护、环保知识普及等形式的社会实践活动。组织学校相关学科专业的学生特别是学生环保类社团，到农村基层、县域城镇和城市社区，围绕水资源保护、垃圾处理、环境污染、气候异常、资源开发、自然灾害预防、节能排放等，开展科普知识宣讲、社会调查研究、发展建言献策等活动，普及生态环保理念，引导健康生活方式，推动科学发展方式。

（三）社会实践的意义

1. 增强学生的社会责任感和历史使命感

(1) 国家由远而近。国家在大多数学生心目中是神圣而遥远的，他们热爱祖国，但是对国家的认识却很模糊。在目睹企业生产流水线、实地考察城市和农村的建设实况后，学生会明白，国家就在自己身边，他们能够真切地感知国家发展的脉动，享受社会发展带来的福利，也认清国家在前进中的不足，大大增强自己肩负建设国家重任的使命感。

(2) 人民由虚而实。通过社会实践，学生深入国家各个领域，接触各行各业的群众，"人民"这个原本抽象的概念如今在他们心目中是现实、具体、鲜活的。

(3) 重新认识干部形象。社会实践使学生近距离接触基层干部，有的干部顶着烈日联系贫困户，有的为了扶贫工作经常一个月才回一次家，有的为了整理扶贫材料忘记吃饭……学生认识到，更多的基层干部都是在踏踏实实谋发展、一心一意搞建设的。

(4) 使命由空而实。炎炎夏日，奔跑在田间地头，行走在大街小巷，汗水和眼泪加深了他们对责任和理想的感悟，双脚的疲惫告诉他们：空谈误国、实干兴邦，依靠双手去创造美好的家园是自己义不容辞的责任和使命。

(5) 激发对社会问题的思考。社会实践活动，将有助于学生接触群众，了解社会。学生在社会实践过程中，很自然地要走出校门，要离开书本，走入社会。通过融入社会、贴近自然、感触生活，增加对社会的认识与理解、体验与感悟，并能够在此基础上反思社会现象，发展批评思考能力，从而增强学生的社会责任意识，这是一个长期积累的过程。同时，在参与实践活动的过程中，会促使学生加深对社会问题的思考，并探寻解决的办法。

2. 树立正确的人生观和价值观，塑造优良品质

随着国家的发展，社会经济物质条件越来越丰厚，当代学生大多从小生活在家庭和学校的象牙塔里，身上难免有娇生惯养、抗压能力弱等毛病。参加社会实践，暂时脱离父母和老师的呵护，通过重走红色革命圣地、慰问贫困户，在社会实践过程中的感受艰辛，明白什么是艰苦、什么叫奋斗。这些实践中学到的锲而不舍、吃苦耐劳、勇往直前的优秀品质，不断指导和激励着学生的学习和生活，这是新时代学生成长成才道路上不可或缺的教育经历。

3. 提高个人能力，促进个人成长

学生社会实践是在校学生利用课余时间，步入社会、接触社会，提高个人能力，触发创作灵感，完成课题研究，发挥自己的聪明才智以求和社会有更大的接触，对社会作出贡献的活动。学生通过参与、动手、思考、解决问题等过程，将所学的书本知识内化为自己的能力，全面提升自身的思想素质、求真精神和务实的品质；同时也培养了学生积极向上、

珍爱美好生活的优良心理品质。

社会实践活动有效地锻炼了学生的能力，提高了学生的综合素质，增强了学生的社会生活能力。当然在这一过程中，也会存在一些困难，如社会实践活动的时间安排问题、教师的跟进问题、活动的经费问题等。但在活动过程中，只要用心发掘资源，一定能够找到合适的方式与方法，也一定能够对学生的成长起到积极的作用。

4. 培养学生的创新合作精神，提高实践能力

社会实践以内容丰富、形式多样的活动为平台开展，具有培养学生团队合作能力和启迪创新思维的作用。学生首先根据自己的人脉圈子组建团队，队友一般来自多个年级和不同专业，然后一起讨论撰写实践方案，最后共同完成实践。

在实践团队里面，学生要与不同年级、专业、性格的队友打交道，统筹兼顾、沟通协调能力无形中得到锻炼。他们会意识到与他人合作的必要性和重要性，逐渐养成团结合作的精神。实践方案的拟写必须充分考虑实践的主要目的是什么，实践的具体内容是什么，活动的具体日程如何安排更加合理等问题，不断地思考、讨论能激发学生深层次的主动性和创新思维。最后在实践的过程中，处理突发事件、解决相关问题能不断提高学生的应变能力。因此，学生参加社会实践，可以有效培养合作和创新精神，提升他们的社会竞争力。

二、社会实践的主要过程

学生社会实践活动从筹划、实施到完成是一个过程。对于同一活动，由于其方法、时机、对象、目标的不同，其效果是截然不同的。因此，在社会实践过程中，要想效果最佳，必须重视过程优化。社会实践活动的一般过程主要包括事先调适、抉择、升华、策划四个环节，过程优化的重点就是上述四个环节的整体优化。

（一）事先调适

应该对社会实践过程中碰到的各种难题，从心理上、思想上、能力上、知识上进行必要的准备。长期生活在"象牙塔"下的学生，一旦步入社会，展现在面前的将是一幅五彩缤纷的社会画面，若缺乏必要的思想准备，必然导致青红不分、皂白不辨。

1. 社会实践前的知识整合

参加社会实践的过程，既是接触工农、了解社会、认识国情、提高觉悟的过程，也是运用知识、理论联系实际、服务社会的过程。因此，每个人是否具有合理的知识结构，直接影响社会实践活动的效果。所谓知识结构，是指一个人知识体系的构成状况与组合方式。学生无论在知识容量上，还是在知识构成上都是有限的，因此要求按照社会实践的需要调节知识结构，从实际出发、从社会需要出发，坚持缺什么补什么的方针。

2. 社会实践前的能力调适

知识不等于能力。歌德指出："单学知识的人仍然是蠢人。"建立合理的能力结构，是提高实践有效性的关键之一。在社会实践活动中最关键、最能起作用的能力是社会适应能

力、实践动手能力、言语表达能力、组织管理能力和分析观察能力等。

3. 社会实践前的心理调适

一旦走向社会，许多难题就会摆在同学们面前。一是生活，衣、食、住、行都要自理，这对自理能力较差的一些学生而言是一大难关；二是活动，在社会上开展的活动与学校不同，时间有限，加上人生地不熟，对此若没有必要的心理准备，过分理想化，一旦碰到难题，就会无所适从，进退两难。

（二）抉择

抉择即选择，是指从众多方案中挑选最佳方案的过程。在众多方案中如何选出最佳方案，直接影响社会实践活动的实际效果。在选择活动目标时应注意以下事项。

(1) 目标不宜太低，但也不宜太高。比如，工科专业的学生，如果想把攻克某个难关作为活动目标，那么其成功率肯定是不高的。

(2) 社会实践活动的内容是丰富多彩的。要选好活动的内容，必须选好活动的主题，在鲜明的主题下可以容纳丰富的活动内涵。

(3) 主题提出后，必须具有可行性，要让人们看得见、摸得着，只有这样才能引起人们的心理共鸣。

(4) 学生在校时间是有限的，在参加社会实践活动的时间安排上，应根据学习的松紧程度合理安排，大规模的、难度大的、任务重的活动，一般应安排在假期，并要坚持就近、就便的原则。

（三）升华

社会实践的根本宗旨在于人才和社会的双重效益。要使人才效益达到最佳，一个不可缺少的环节就是升华。所谓升华，就是要使学生的思想觉悟、知识能力等诸方面在社会实践中得到提高和精练。升华过程分为三个阶段：净化阶段、深化阶段和升华阶段。学生的思想发生了飞跃，就能为成为新时代的建设者做好准备。

（四）策划

策划是社会实践中的一个重要环节，是对社会实践目标、内容和方法的统一。强化社会实践策划活动，可以将对社会实践活动的指导提前，帮助学生更好地完成社会实践活动。社会实践活动，是学生培养的重要方式，在学生成长为合格的社会主义接班人的过程中具有不可替代的作用。策划是理论知识与实践活动的结合点，在整个社会实践中起到承上启下的作用，是学生形成理论联系实际观念的重要方法。

1. 社会实践策划对实现学生全面发展具有重要作用

社会实践策划不同于实践活动计划。计划是为达成具体目标所制定的实施步骤与方法；而策划则是针对所要实现的目标，根据实际情况，确定实施的内容和方法，包括目标、内容和方法，是目标与内容的统一、内容与方法的统一、理论知识与实践实际情况的统一。

在策划中,注重的不仅有步骤和方法,还包括目标与内容本身。实施社会实践的内容能够帮助学生树立正确的人生观、世界观和价值观,能够帮助学生将理论知识运用到具体的实践中,在实践中运用理论知识分析问题解决问题,并提高学生理论研究的热情和主动性。

2. 社会实践策划是社会实践活动的重要环节

社会实践策划确定社会实践的组织机构、内容、人员及其他相关因素。在这个阶段,首先应当根据社会实践实现的目标和具体要求,确定能够实现或反映目标和要求的社会实践内容,如把科技、文化、卫生"三下乡"社会实践活动的要求和实践活动主题具体为到农村、社区开展法律宣讲活动、社会调查活动等。

3. 策划有一定规律可循

做好社会实践策划活动,应注意以下两点:一是,社会实践策划应当尽量做到全面,具备较强的操作性;二是,社会实践策划还要具有一定的现实意义,即策划的社会实践活动要贴近生活、贴近群众,使学生的社会实践活动符合群众和社会的需求。学生不仅要在社会实践中学知识、长才干,还要通过社会实践在农村、社区作出贡献。社会实践策划要在现实中得以执行,还必须具有可行性。可行性是策划书得以执行的基础,也是我们比较容易忽视的问题。

三、社会调查认知

(一)社会调查的概念

社会调查(见图6-1)是人们有目的、有意识地通过对社会现象的考察、了解和分析、研究,来了解社会真实情况、认识社会生活本质及其发展规律,探索改造社会、建设社会的道路或方法的一种自觉认识活动。它包含以下四层意思:一是社会调查是一种自觉的认识活动;二是社会调查的对象是社会现象;三是社会调查要使用一定的方法;四是社会调查有一定的目的。

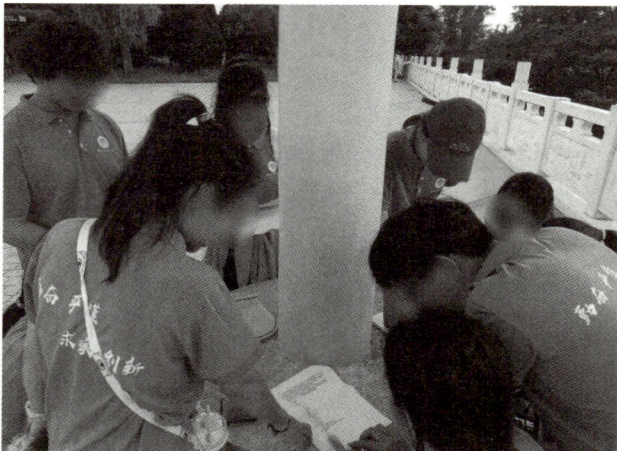

图6-1　学生开展社会调查

（二）社会调查的意义和作用

1. 意义

社会调查有助于学生认识社会生活的真实情况和因果联系，揭示社会现象的本质及其规律，寻求新方法。研究问题、制定政策、推进工作，刻舟求剑不行，闭门造车不行，异想天开更不行，必须进行全面深入的调查研究。只有深入调查研究，才能真正做到一切从实际出发、理论联系实际、实事求是，在工作中尽可能防止和减少失误，即使发生了失误也能迅速得到纠正而又继续胜利前进。经常开展调查研究，有益于深刻了解群众的需求、愿望和创造精神、实践经验。

2. 作用

社会调查可以反映社会现象与问题，揭示事物发展的规律。社会调查注重发现社会矛盾，解释其原因并提供解决措施，从而为有关部门提供决策依据，并为科学研究提供社会信息。其作用可以归纳为以下三个方面。

(1) 反映作用。社会调查可以反映和描述社会现象的一般状况、过程和特点。例如，针对失业率的调查可以准确反映出失业率的高低，失业时间长短分布，失业者的地区分布、年龄分布、性别分布、文化程度分布等基本情况。这种客观、精确的反映可以帮助我们加深对社会现象的认识，从现象的表现中寻找现象之间的有机联系，发现规律。

(2) 解释作用。在理论的指导下，社会调查可以解释社会现象的产生、发展和变化，揭示社会现象的本质，回答社会现象"为什么是这样"之类的问题。例如，在关于失业率的社会调查中，研究者可以探讨失业与地区经济以及失业者文化程度、性别、年龄等方面的关系，从而对失业现象进行较为准确的解释。随着社会统计分析方法的发展，社会调查在解释社会现象方面的能力也将越来越强大。

(3) 预测作用。在对社会现象的准确反映和正确解释的基础上，社会调查可以对社会发展趋势作出预测。例如如果调查表明，文化程度越低越容易导致失业，那么研究者可以预计，对失业者的培训有助于降低失业率。

（三）社会调查的一般过程

1. 选题

(1) 选择调查课题的意义。调查课题是指某一社会调查研究所要反映或解释的具体社会现象和社会问题。爱因斯坦曾说："提出一个问题往往比解决一个问题更重要，因为解决一个问题也许仅是一个数学或实验上的技术而已，而提出新问题、新可能性、从新角度去看旧问题都需要创造性的想象力，而且标志着科学的真正进步。"爱因斯坦的这段话表明了选题的重大意义。调查课题是调查的灵魂，决定了调查研究的方向，体现了调查者研究的水平，限制了调查过程，影响着调查质量。

(2) 选择调查课题的要求。

① 选题的范围应大小适中。调查的主题切忌范围过大，越大的主题越难以入手。很多学生刚开始调查研究时认为主题越大越容易获取材料，但在对大的主题进行研究时看似组织了一堆材料，实际上不成系统、浮于表面、东拼西凑，不是概括描述。主题的范围适中，则易于收集与整理资料，形成较为集中、鲜明的观点，问题可得到深入论述。

例如，对比以下几个选题：辍学儿童问题调查、山区辍学儿童现状与成因调查、山区农村辍学儿童现状与成因调查、广西贫困山区农村辍学儿童现状与成因调查，可以发现，最后一个范围最为狭窄，有利于调查者掌握，容易出成果。

② 选题应切实，不应笼统。选题通常要比某一社会现象或社会问题更为具体明确。它往往由宽泛的研究主题开始，逐步缩小到具体、集中的研究问题。在实际选题过程中，部分研究者容易选择一个比较宽泛或者是比较笼统的课题领域，甚至是某一类社会现象或社会问题，而不是一个明确、具体的调查课题，因而所收集的资料许多是无用的、残缺的。例如"农民工问题研究"这一题目实际上并非研究问题，而是问题领域，它包含若干个子问题，如"农民工心理状态研究""农民工消费水平研究""农民工身体状态研究"等，甚至在每一个子问题中又包含若干小问题。虽然"农民工问题研究"具有重要的现实意义，但其内涵过于空泛，所以在调查研究的可行性上比较欠缺，研究者或者进行探索性分析，难以对问题提供满意的答案，或者进行描述性分析，无法深入分析社会问题。

③ 选题应独特，且有价值。选题首先应具有意义，对解决社会问题、对科学发展具有促进作用。选题的价值体现在实践价值和理论价值两个方面。实践价值或理论价值越大的课题越是好课题。调查研究主题如果独特新颖，能合乎现实的需要，或者能发现新的科学知识和原理，则可以凸显调查研究的价值。如果选择一个前人研究已经足够深入的问题，本次调查研究则可能只是简单重复，不能增加新的社会科学发现，也不能提出新的看法和观点，失去了调查研究的价值。研究旧的问题，则要先调查前人的研究有什么不足之处，是否仍有缺陷或补充，重新研究能否采用新的方法、获得新的知识、取得新的突破。

④ 选题宜适合调查者兴趣与能力。俗话说："兴趣是最好的老师。"兴趣不仅是研究工作的动力，也是创造力的源泉。选择越符合自己兴趣的课题，就越容易克服调查中的困难，就越有可能取得高质量的成果。同样，调查应选择自己能够把握的，最好是自己熟悉领域的课题。在相关领域的知识储备越多、研究能力越强，调查取得成功的可能性就越大。反之，在一个毫不熟悉的领域进行研究，则会陷入盲人摸象之境。

2. 设计调查方案

调查方案是社会调查实施前所制订的计划，是整个调查过程的指导性文件，是调查工作有计划、有组织、有系统进行的保证。

(1) 明确调查的目的和意义。具体明确地说明调查的目的和意义，包括要解决的问题、要达成的成果及成果的预期价值。

(2) 明确调查范围和分析单位。

(3) 确定调查方式、方法。

(4) 确定调查内容。

(5) 确定工作计划，包括调查场所、时间和进度以及人员安排，可以用流程图来表述。

(6) 物质保障和经费预算编列，包括需要的设备和资源、经费规划等。

3. 实施调查方案

调查方案实施阶段也叫收集资料阶段。这个阶段的主要任务是，根据调查方案所确定的调查方式和方法，以及调查设计的具体要求，进行资料的收集工作。

常用的调查方式有普遍调查（对调查对象的每个部分毫无遗漏地逐个调查）、典型调查（选择一个或若干个具有代表性的单位进行全面、系统、周密的调查）、个案调查（对社会的某一个人、某一个人群、或某一个事件、某一个单位所进行的调查）；常用的调查方法有问卷法（合理设计问卷，采用开放式、封闭式或混合式问卷收集信息）、文献法（通过书面材料、统计数据等文献对研究对象进行间接调查）、访问法（通过交谈获得资料）、观察法（现场观察、凭借印象搜集数据资料）。

这一阶段的主要工作是：进入调查地区或单位，实施调查工作，收集调查资料。

对于学生而言，在实施调查方案之前，教师要对其进行必要的培训。

4. 整理与分析资料

资料收集完毕以后，应对资料进行审核、整理与分析，甄别真伪，消除资料中的虚假、错误、缺漏等部分，保证资料真实、准确和完整。

对审核整理后的材料和统计分析后的数据进行逻辑分析与加工，揭示社会问题的本质，说明社会现象的因果关系，预测其发展趋势，作出相应的理论阐述。这一过程是社会调查的深化阶段，是调查者从感性认识向理性认识发展的阶段。社会调查成果的质量与该阶段的工作紧密相关。

5. 撰写调查报告

报告应着重说明调查结果或研究结论，并对研究过程、方法以及研究中的一些重要问题等进行系统的叙述和说明。

四、社会调查报告的撰写

（一）社会调查报告的作用

社会调查报告是社会调查成果总的体现，它的主要作用是为决策提供依据、为理论创新提供素材。

（二）社会调查报告的特点

(1) 真实准确性。社会调查报告应该真实反映调查情况，不能虚构事实和隐瞒真相，不能对客观事实随意发挥渲染。调研数据和资料应经过认真核对和鉴别，力求准确无误后才能写入调查报告。

(2) 逻辑性。调查报告不应是简单的数据和材料陈述，而应对数据和材料进行深入的逻辑分析和论证，从而探明社会问题产生的原因，寻找事物发展的规律，找到问题的本质和解决办法。

(3) 应用性。调查报告应能反映和解决实际问题，应观点鲜明，不可模棱两可，应对社会行为有着客观深刻的评价，将矛头直接指向社会问题，分析原因、寻找对策。

(4) 新颖性。社会调查报告的选题、材料、论点、论证方法应注重新颖性，用收集到的新材料反映新问题，提出论点时力求新的立意，论证方法、工具力求创新。

(5) 时效性。调查报告应注重时效，及时反馈，便于相关部门及时掌握情况和进行相应决策，最大程度地发挥调查报告的作用。

（三）社会调查报告的结构

社会调查报告写法很多，一般可分为标题、概要、正文、结尾、附件几个部分。

1. 标题

标题可以起到画龙点睛的作用，"题好文一半"，撰写调查报告时应高度注重标题的斟酌，力求给读者深刻的第一印象。标题的写法通常有以下几种方式：

(1) 陈述式标题：直接反映调查对象或调查范围的标题，如《××县××乡留守儿童心理健康状况调查》《××省××县贫困山区初中生辍学情况调查》《"珠三角"地区"民工荒"现象调查》。这类标题比较简明、客观，但显得比较呆板，缺乏吸引力，多用于专业性较强的调查。

(2) 提问式标题：用提问的方式作标题，如《××公司为何半年内9名员工跳槽？》《××市××非法产业屡禁不止的原因何在？》《顺丰速运为何进军电商？》。这种标题提出了问题，设置了悬念，给读者追问和想象的空间，具有较强的吸引力，但一般看不出调查的结论。

(3) 判断式标题：用结论式的语言作标题，如《"保护伞"的存在是黑恶势力屡打不绝的主要原因》《创新能力差导致了制造业发展缺乏后劲》。这类标题揭示了研究主题，表明了作者观点，但调查对象一般在标题中不容易看出，多用于总结经验、政策研究。

(4) 双行标题式标题：主标题与副标题相结合的复式标题。这类标题，主标题多用判断式或提问式表达，副标题多用陈述式。如《被误读的城管——以××地区城管和小贩的关系为例》《明晰产权起风波——对××市一集体企业被强行接管的调查》。这类标题既进行了判断，又揭示了调查的主题，是使用得比较多的一种表达形式。

2. 概要

概要即调查报告的内容摘要，主要包括以下三方面内容：第一，简要说明调查目的；第二，简要介绍调查的对象和调查内容，包括调查时间、地点、对象、范围、调查要点及所要解答的问题；第三，简要介绍调查研究的方法，以便使读者增强对调查结果可靠性的信任，并可以对此研究方法提出建议。

3. 正文

(1) 前言。前言又称导言或绪论，是调查报告的开头部分。前言的主要内容有：进行本次调查的目的和意义、怎样进行的调查、调查的结论如何。前言的几种主要写作方法如下：

① 开门见山。首先阐明调查的目的或动机，直奔主题。例如，2020 年 12 月调查组对珠三角市民赴汕尾旅游意向展开的调查，目的是要揭示珠三角市民赴汕尾旅游行为的影响因素，从而为汕尾地区旅游业的市场定位、项目设计、市场推广提供科学依据。

② 结论先行。先阐明调查结论，再进行逐步论证。这种形式观点明确，读者能直接得到结论等有用信息。例如，2020 年 12 月，调查组对深圳 200 名市民进行问卷调查。结果表明，厦深高铁的开通显著提升了深圳市民赴汕尾旅游的意愿。

③ 逐层分析。先介绍背景，然后逐层分析，得出结论。也可先介绍调查时间、地点、对象、范围，然后进行分析。例如，2020 年 12 月，深圳市产业经济研究会对 200 名深圳市民进行了抽样调查，力图预测高铁开通对深圳市民短途出行的影响。在这次调查中，围绕着高铁开通，对深圳市民短途出行的出行方式、旅游目的地、旅游方式、旅游项目、旅行时间等设计了许多问题。

④ 用问题引入正题，即提出人们所关注的问题，引导读者进入正题。例如，20××年年底，×× 高铁将会通车，该高铁的开通将会给 ×× 地区的旅游业带来哪些机遇？×× 市旅游业如何抓住高铁开通带来的发展机会？为了准确回答这些问题，×× 市产业经济研究会组织了本次调查……

开头部分的写法很多，但开头部分应围绕这几个问题进行说明：为什么要进行调查？怎样进行调查？调查结论是什么？

(2) 论述。

① 论述部分的主要内容。论述部分大致可分为基本情况部分和分析部分。基本情况部分要真实地反映客观事实，对调查的背景资料作客观的介绍说明；或者是提出问题，其目的是要分析问题。分析部分，这是调查报告的主要部分，要对资料进行分析，通过分析了解情况、说明问题并提出解决问题的方法。分析一般有三类情况：第一类是成因分析；第二类是利弊分析；第三类是发展规律或趋势分析。

② 论述部分的写法。由于论述涉及的内容很多，篇幅长，经常用概括性或提示性的小标题来突出文章各部分内容和中心思想。

4. 结尾

结尾部分是调查报告的结束语。结束语一般有以下三种形式：

(1) 概括全文。综合说明调查报告的主要观点，深化文章的主题。

(2) 形成结论。在对真实资料进行深入细致的科学分析的基础上得出报告结论。

(3) 提出看法和建议。通过分析，形成对事物的看法，在此基础上提出建议或可行性方案。

5. 附件

附件是对调查报告正文的补充和详细说明，包括各种问卷、数据图表、背景材料和必要的技术报告。

▶ **找一找**：查找"三下乡"相关的材料，说说你认为的"三下乡"主要意义。

劳动实践

根据所学的社会调查知识，分组完成一项关于吸烟的校园调查，根据结论形成调查报告。

第二节　志愿服务和社区服务

一、志愿服务

（一）志愿服务的概念

志愿服务，是志愿者组织、志愿者服务社会公众生产生活和促进社会发展进步的行为。或者说，志愿服务泛指利用自己的时间、技能、资源、善心为邻居、社区、社会提供非营利、无偿、非职业化援助的行为。志愿服务是任何人自愿贡献个人的时间及精力，在不为任何物质报酬的情况下，为改善社会、促进社会进步而提供的服务。志愿服务的范围主要包括扶贫开发、社区建设、环境保护、大型赛会、应急救助、海外服务等。志愿服务的功能有社会动员、社会保障、社会整合、社会教化、促进社会和谐、促进社会进步。

（二）志愿服务的内涵

2017 年 12 月 1 日，国务院颁布的《志愿服务条例》（以下简称《条例》）正式实施，这是我国第一部关于志愿服务的专门性法规。《条例》明确指出，志愿服务是指志愿者、志愿服务组织和其他组织自愿、无偿向社会或者他人提供的公益服务。

志愿服务主要包含以下三个方面的含义。

(1) 志愿服务是一种由内在的精神动力所支持的活动。

志愿服务是志愿者在志愿精神的感召下，主动地、自觉自发地开展的社会服务工作。按照联合国志愿人员组织对志愿精神的理解，可以对志愿精神进行如下解读：志愿精神是一种在自愿的、不计报酬或收入的条件下参与推动人类发展、促进社会进步和完善社区工作的精神，是公众参与社会生活的一种重要方式，是个人对生命价值、社会、人类认识的一种积极态度。

无私奉献的志愿精神是志愿服务的精神内核。正是在这种强大的内在精神动力的支撑下，志愿者们志愿奉献个人的时间、精力等，在不谋求任何物质报酬的情况下，从事社会公益与社会服务事业，把关怀带给社会，传递爱心，传播文明，给社会以温暖。

(2) 志愿服务是一种非营利的活动。

志愿服务不是一种用以谋生或营利的职业，而是个体出于奉献社会的意愿开展的社会服务，是一种非营利性的活动。

虽然志愿服务不追求经济报酬，但并不意味着组织的运转不需要资金方面的支持。事实上，现代志愿服务组织和机构要实现发展和维持运转，离不开充足的经费支持。但志愿服务组织和机构不能违背志愿精神的本质，不能以营利为目的，更不能从自己的服务对象中收取经济报酬。

(3) 志愿服务是一种有组织的社会公益服务。

志愿服务不仅仅是一种做好事和助人为乐的简单活动，而是一种系统地、有组织地、自愿地开展的社会公益服务。它作为社会建设和社会管理的重要组成部分，弥补了政府、市场和个人力量的短板，起到了加强国家和个人联系的作用。

总的来说，志愿服务就是由内在志愿精神所支撑的，由自愿自觉的内部动机所指引的，利用个体知识、技能、体能或财富服务社会，不计报酬、奖励的一种非营利、公益性活动。

（三）志愿服务的特征

志愿服务具有志愿性、无偿性、公益性和组织性四个基本特征，其特征的精髓是奉献精神。奉献精神意味着无偿、不计报酬地为他人、为社会服务。具有奉献精神的人通常也自发自愿地参加志愿服务。志愿服务为实现中华民族伟大复兴的中国梦提供了强大精神动力和道德支撑。党的十八大报告指出，全面提高公民道德素质的举措之一，就是要深化群众性精神文明创建活动，广泛开展志愿服务，要深入开展城乡社会志愿服务活动，大力发展与政府服务、市场服务衔接的社会志愿服务体系。

1. 志愿性

志愿性是指志愿服务必须是个人自愿参加，是主动的而不是被动的，是自觉的而不是被迫的。相关组织可以通过各种方式动员志愿者，但应该让每个志愿者都在没有任何压力的情况下自愿投入志愿服务。强制参与、强制"奉献"、募集摊派或变相摊派、对志愿者进行单位化管理等，都不符合志愿服务活动的志愿性原则。可以想象，如果志愿服务不是每个人都自愿参加的，而是在某些组织或个人的强迫和压力下参加的，其社会意义就会大打折扣。被迫参与到志愿服务之中的人员不是真正意义上的志愿者，他们即使参加了志愿服务活动，也很难持续发挥积极作用。

2. 无偿性

无偿性是指志愿服务属于无偿行为。志愿服务的提供者从事志愿服务行为，不得向志愿服务对象收取或者变相收取报酬，包括金钱、物质交换或礼物馈赠等。但是，志愿服务组织为志愿者提供交通补贴和午餐补贴等并不影响志愿服务的无偿性。

3. 公益性

公益性是指志愿服务必须指向公共利益。根据志愿服务的公益性，营利行为不属于志愿服务，偶发的帮助行为、基于家庭或友谊的帮助行为、仅仅针对特定个人的帮助行为和互益互助行为也不属于志愿服务。

对服务活动的组织者来说，志愿服务不应该被用来达到公益服务以外的目标，如经济目标，否则就会违背志愿服务者的初衷。对志愿服务者而言，在提供志愿服务时应该始终坚持以利他和公益为基本目标，不能私自进行工作计划以外的服务内容。例如，志愿者不得在活动时间内宣传与公益活动无关的事物。

4. 组织性

仅凭孤立的热情、爱心、体力，我们往往无法回应复杂的社会需求。志愿服务具有组织性，可以采取社会团体、社会服务机构、基金会等组织形式开展志愿服务，可反映行业诉求，推动行业交流，促进志愿服务事业发展。

志愿服务组织的不断涌现对促进志愿服务活动广泛开展，推进精神文明建设、推动社会治理创新、维护社会和谐稳定发挥了重要作用。志愿服务组织已成为现代社会从事志愿服务最重要的主体。

（四）志愿服务的原则

《条例》明确指出，开展志愿服务，应当遵循自愿、无偿、平等、诚信、合法的原则，不得违背社会公德、损害社会公共利益和他人合法权益，不得危害国家安全。而开展青年志愿者行动，一定要坚持自愿参加、量力而行、讲求实效、持之以恒的原则。

1. 自愿参加

自愿参加主要是强调参加青年志愿服务的自觉性。自愿参加是青年志愿者行动的主要特征之一，也是开展青年志愿服务活动的前提。只有"自愿"才能称其为"志愿者"，只有"自愿"才能持久。对于参加者而言，青年志愿者行动的魅力就在于它变"要我参加"为"我要参加"，充分尊重青年的主体地位，注重调动青年自身的积极性、主动性。学生志愿者宣誓如图6-2所示。

图 6-2　学生志愿者宣誓

2. 量力而行

量力而行就是要根据自己的人力、物力、财力条件允许的程度来开展工作。首先，要研究服务客体，也就是要研究服务对象，搞清楚服务需求。现实生活中服务需求是多方面和多层次的，志愿服务一定要从共青团和青年的实际出发，从各地、各条战线、各个行业的实际出发，从社会需求的实际出发，把主观愿望和客观实际结合起来，把社会需求和服务能力结合起来，实事求是，量力而行，不搞一刀切。要分清什么是现在能做到的，什么是下一步才能做到的，什么是将来才能做到的，还有什么是我们做不到的。我们既不能无所作为，也不可包打天下。要循序渐进，逐步发展，切不可操之过急，否则欲速则不达。

3. 讲求实效

青年志愿者行动的出发点和立足点，就是要上为政府分忧、下为群众解难，为社会、为群众办实事，工作重点是狠抓在基层的落实。青年志愿服务只有落实到基层，落实到具体人、具体事，真正成为基层广大青年的经常行为，才有生命力和发展前途。另外还要求实效，求实效的集中表现就是在实践中使社会和群众体验和享受到志愿服务的成效。办实事、抓落实、求实效三者缺一不可。

4. 持之以恒

青年志愿服务要做到经常化、长期化。青年志愿者行动是一项跨世纪事业，必须以办事业的精神和方法来推进。开展志愿服务活动必须与建立多层次社会保障体系结合起来，必须着眼于建立有中国特色的青年志愿服务体系，必须建立必要的机制以保障青年志愿者行动的经常化、长期化、规范化、制度化。要健全组织，稳定队伍，建立基金，制定规章，形成机制，坚持长久，要保持工作和人员的相对稳定性和连续性。

二、参与志愿服务

（一）志愿者的基本条件

2013 年 11 月，共青团中央、中国青年志愿者协会颁布新修订的《中国注册志愿者管理办法》。其中，对注册志愿者的基本条件有如下规定：

(1) 年满十八周岁或十六至十八周岁以自己劳动收入为主要生活来源者；十四至十八周岁者，须经其法定代理人同意；未满十八周岁的在籍学生申请注册的，按所在学校有关规定办理。

(2) 具备参加志愿服务相应的基本能力和身体素质。

(3) 遵守国家法律法规和注册机构的相关规定。

（二）志愿者的权利与义务

1. 志愿者的权利

(1) 参加志愿服务活动。

(2) 接受相关志愿服务培训，获得志愿服务活动真实、必要的信息。

(3) 获得从事志愿服务的必需条件和必要保障。

(4) 优先获得志愿服务组织和其他志愿者提供的帮助。

(5) 对志愿服务工作提出意见和建议。

(6) 相关法律、法规、政策所赋予的权利。

(7) 可申请取消注册的志愿者身份。

2. 志愿者的义务

(1) 遵守国家法律法规及团体组织、志愿者组织的相关规定。

(2) 每名注册志愿者根据个人意愿至少选择参加一个志愿服务项目或活动，每年参加志愿服务时间累计不少于 20 小时。

(3) 履行志愿服务承诺，完成志愿服务任务，传播志愿服务理念。

(4) 自觉维护团组织、志愿者组织和志愿者的形象。

(5) 在志愿者职责范围内，自觉维护服务对象的合法权益。

(6) 自觉抵制任何以志愿者身份从事的营利活动或其他违背社会公德的活动 (行为)。

(7) 依法应当承担的其他义务。

（三）志愿服务的技能与技巧

1. 具备多种服务技能

随着社会的进步，人们对志愿服务的形式、内容、质量都提出了更高的要求。在针对志愿者的调查中，调查结果有超过半数的志愿者认为"自身知识水平以及社会实践能力的欠缺"制约了志愿服务的进一步开展，越来越多的志愿者也已经开始注意提升志愿服务所需的技能。深入农村的志愿者必须参加组织培训与学习，了解农村的有关法律、法规、习俗和农业知识；到边远地区支教的志愿者必须学习教学方法、沟通技巧，掌握除专业之外的广泛的知识和技能；走入社区提供社区服务的志愿者，不能将自己的服务定格在具体的形式和具体的内容上，必须创造出丰富多彩的服务以满足社区不同人员的需求；向社会弱势群体伸出援手的志愿者，必须了解并熟悉当地的孤儿院、敬老院的情况，到伤残人士、军烈属、生活有困难的人家中去，必须想其所想，运用自己所掌握的服务技能提供最贴心的服务。可见，无论从事哪一种志愿服务，都必须掌握起码的专业技能，只有认识到这一点，志愿服务工作做起来才能得心应手。

2. 提升志愿服务专业化水平

在学校青年志愿者组织下设立专门的专业项目队，除开展日常志愿服务活动外，对专业团队的活动实施项目化管理，提高专项志愿服务的针对性和实效性，打造品牌型专业志愿者服务项目。学校需要在健全学校志愿者组织的同时，大力加强对志愿者基层组织与专业服务队的帮助和指导。学校成立志愿者专业服务队，再配备高年级骨干志愿者，这种项目团队式组织模式运作起来既可以细化职能分工、强化服务功能，又能提升专业服务水平和组织效能。同时，作为专业化青年志愿服务组织，需要在服务的过程中以更加积极、更加专业的志愿服务精神投入自己的服务中。对于庞大的志愿者群体，要紧紧地将志愿者凝聚在一起，需要的是志愿者精神的内驱力，激发志愿者的认同感及作为志愿者的自豪感、归属感、使命感。

3. 掌握突发事件应对技能

当代学生志愿服务已由刚开始的公益劳动、敬老爱幼、帮残助残等志愿活动，扩展到依托重大活动赛事开展志愿服务活动，新一代的学生越来越多地参与到志愿服务中，成为青年志愿者的中坚力量。学生志愿服务工作越来越多地面向社会，对志愿服务工作的要求也越来越高，有必要对志愿者进行系统的培训和专业的应急救护技能培训，使其掌握志愿服务的方式方法和应对突发事件的技能。

三、社区服务

（一）社区与社区服务

1. 社区定义

社区是若干社会群体或社会组织聚集在某一个领域里所形成的一个生活上相互关联的大集体，是社会有机体最基本的内容，是宏观社会的缩影。

社区的特点：有一定的地理区域；有一定数量的人口；居民之间有共同的意识和利益；有着较密切的社会交往。

2. 社区志愿者

社区志愿者是指以社区为范围，能够主动承担社会责任而不关心报酬、奉献个人的时间及能力的人。

3. 社区志愿服务

社区志愿服务的形式主要有两种。一是志愿者"一助一"长期结对服务，这项工作从1994年年初开始实施，通过青年志愿者组织牵线搭桥，由一名青年志愿者或一支青年志愿者服务队为一个困难家庭提供经常性服务，目前全国"一助一"结对已达250多万对。二是开展设点服务，即在社区设立网点为居民提供多种技能性或劳务性服务，如理发、修脚、修理电器等。

4. 社工精神

社工精神与人文精神、志愿精神既有联系又有区别。与人文精神相比，社工精神是一个小概念，人文精神是其上位概念；志愿精神与社工精神则是两个内涵不同的并列概念。社会工作是一门专业的助人学科，是一个高尚的事业。社工精神是社会工作的灵魂，是社会工作者的精神动力，是一种专业价值观。社会工作价值观以人道主义为基础，充分体现了热爱人类、服务人类、促进公平、维护正义和改善人类与社会环境关系的理想追求，激励和指导着社会工作者的具体工作，是促进社会工作者个人成长的有效力量。

（二）社区服务的技能与技巧

1. 社区服务范畴

社区服务主要以校园周边社区为中心开展志愿者服务工作，为广大群众的精神文明建设和生活劳动建设服务。学生在社区可结合自己的专业开展以下服务项目：

(1) 为社区打扫部分街道卫生的志愿活动。
(2) 开展敬老助残、救助弱势群体的志愿活动。
(3) 开展环保知识及健康知识的宣传和讲座。
(4) 开展爱心家教等有益社区儿童的志愿活动。
(5) 宣传青年志愿者精神及其他综合活动等。

2. 绿色服务

当前社会最为关注的问题无疑是环境问题。随着社会的发展和人类的进步，在满足了经济需求后，人类开始寻找自身和周围环境的良性发展。因此开展环保活动刻不容缓。志愿者参加青年志愿者协会主要开展以下几个方面的社区环保劳动：

(1) 开展植树造林的志愿者活动。
(2) 开展垃圾分类的志愿者活动。
(3) 开展清理白色垃圾的志愿者活动。

(4) 开展动物保护的志愿者活动。

(5) 开展对环保方面的宣传活动等。

3. 健康服务

健康服务是指宣传健康知识，提高全民对健康的重视，一般由学校青年志愿者协会协助区政府及各机关部门开展活动。主要活动形式有以下几种：

(1) 参与献血、捐献骨髓等服务活动。

(2) 开展关于健康方面的公益演出。

(3) 编制健康知识小手册，并向社区群众发放。

4. 文艺宣传

开展文艺活动，主要有节目主持、声乐、器乐、戏剧、相声、小品等的表演，这能对本地的风土人情、风俗习惯、传统文化等进行有效的宣传。

5. 赛会服务

赛会服务是指负责为各种大赛活动服务。服务内容有以下几个方面：

(1) 外语翻译。

(2) 电脑操作。

(3) 礼仪服务。

(4) 安全保卫。

6. 公益服务

公益服务主要针对各类社会福利机构，如福利院、敬老院、慈善机构、红十字会、纪念馆、医院、图书馆、博物馆等开展服务。

7. 一对一服务

志愿者可与区内及市范围内的重点服务对象结成一对一定点服务，以接力的形式将工作延续下去。可根据需要的不同、志愿者能力的特点，针对不同形式的需要，组织不同的小分队开展社区服务。服务对象包括孤寡老人、残疾人、生活困难的人、离退休人员、下岗员工、特困未成年人、教育行业的弱势群体等。可以根据服务对象的不同制定不同的实施方案，并组成一批长期稳定的志愿者服务队来为他们提供帮助，例如扶贫帮困、文化教育、法律援助、文体娱乐、生活家政、医疗卫生、环境保护等。

▶▶▶ **说一说**：你做过哪些志愿服务？如果没有，将来有机会你愿意做哪些志愿服务帮助他人？

劳动实践

分组完成一项校内志愿服务。

第三节　农工商生产劳动

一、农业生产劳动

（一）农业文明与常见农作物

1. 农业文明

稼穑是社会发展的根基和重要一环，更是人生不可或缺的一环，有稼穑经历和体验的人生更扎实也更丰富。《尚书·无逸篇》说："不知稼穑之艰难，乃逸乃谚。"意思是没有体验过"面朝黄土背朝天"的艰辛滋味，就会变得放纵、荒唐。这句 3000 年前周公告诫子孙的至理名言，到了今天更具现实意义。

中国农业精神来自于中国传统农业，体现和贯彻着中国传统的天时、地利、人和以及自然界各种物质与事物之间相生相克的阴阳五行思想，精耕细作、轮种套种，是它的典型工作生产模式。随着社会的发展，中国农业越来越需要有文化、懂技术、会经营、有较强市场意识、有较高生产技能、有一定管理能力的新型农民。

2. 认识常见农作物

我国农作物主要分为七大类：粮食作物、经济作物、蔬菜作物、果类、野生果类、饲料作物、药用作物。粮食作物以小麦、水稻、玉米、大豆、薯类为主；经济作物以棉花、油料、糖料、烟叶、麻类、药材等为主；蔬菜作物主要有萝卜、白菜、芹菜、韭菜、蒜、葱、胡萝卜、菜瓜、莴笋、黄花、辣椒、黄瓜、西红柿、香菜等；果类有梨、青梅、苹果、桃、杏、核桃、李子、樱桃、草莓、沙果、红枣等；野生果类有酸梨、野杏、毛桃、山枣、山樱桃、沙棘等；饲料作物如玉米、大麦、紫云英等；药用作物有人参、当归、金银花、薄荷、艾蒿等。

粮食作物是人类主要的食物来源，同时也是牲畜的精饲料。经济作物一般指为工业，特别是为轻工业提供原料的作物，按其用途分为纤维作物（如棉花、麻类、蚕桑等）、油料作物（如花生、油菜、芝麻、大豆、向日葵、橄榄等）、糖料作物（如甜菜、甘蔗等）、饮料作物（如茶叶、咖啡、可可等）、嗜好作物（如烟叶等）。

每种农作物的图片详见中国农业农村部官方网站。

（二）种植技能、畜牧技能和采摘技能

1. 农作物种植技能

在种子没有问题的前提下，植物要想生根发芽必须满足 4 个条件：温度、水分、空气

和肥料。例如，大蒜发芽比较适宜的温度是 20℃左右，超过这个温度就会抑制大蒜发芽的速度。农作物在生长发育过程中，需要碳、氢、氧、钙、镁、硫、氮、磷、钾、硼、铝、锌、锰、铁、铜、氯 16 种元素，其中碳、氢、氧可以从水和空气中取得，其他大多数是从土壤中取得，当土壤不能满足时，必须通过施肥来解决。影响农作物生产的主要因素有天气、土壤和人为措施。天气是影响农作物生产的一个重要因素，有的农作物需要长光照，有的农作物所需要积温少，有的农作物需要的积温多，比如小麦全生育期需要 2300℃左右，棉花则需要 3000℃左右。水是农作物的生命，其需水量很大。土质的好坏直接影响产量，改良土壤、增加土壤的肥沃度十分重要。合理施肥是提高农作物产量的一项重要措施，不同的农作物所需的肥量是不同的。我们需要知道同一种农作物在各生育期中所需水、肥的多少，以及适应的气候，才能为农作物提供良好的生长条件。

农作物栽培步骤：精细整地，抢墒覆膜。土壤耕作是根据植物对土壤的要求和土壤特性，采用机械或非机械方法改善土壤耕层结构和理化性状，为达到提高肥力、消灭病虫杂草的目的而采取的一系列耕作措施，包括切茬、开沟、喷药、施肥、播种、覆土等多道工序。覆膜栽培关系到土壤的结构。施足底肥，谨防早衰。重施有机肥，增施磷、钾肥，适当施氮肥，以便增强生长势头，这是提高果实品质、促进着色的基础。改善光照，合理整形修剪，以打开光路。出苗时，中耕除草并施人畜粪水。

2. 畜牧技能

畜牧业主要包括牛、马、驴、骡、骆驼、猪、羊、鸡、鸭、鹅、兔、蜂等家畜家禽饲养业和鹿、貂、水獭、麝等野生经济动物驯养业。畜牧业与种植业并列为农业生产的两大支柱。发展畜牧业必须根据各地的自然经济条件，因地制宜，发挥优势。畜牧业养殖技术，包括培育和养殖，其中养殖技术包括生猪养殖技术、家畜养殖技术、水产动植物养殖技术、特种养殖技术几大类。

3. 采摘技能

农作物采摘的关键是参照节气和植物生长规律，做到适时采收，实现增产增收。采摘时间要掌握成熟度，太嫩影响产量，太老影响质量。比如蔬菜一般在七八分熟时采收。这时蔬菜嫩脆、纤维少、品质优，每天具体采收时间以上午 9 时前下午 6 时后为宜。采收时，要用中指顶住花梗，然后用食指和拇指捏住，轻轻地掰下来，不要强拉硬扯，要有顺序地从上到下、从内到外依次采收粗细、长短、成熟度一致的，不能漏采和强采。另外，随着科技发展，农业机器人也可以进行采摘。

二、工业生产劳动

（一）中国工业现状

中国已从一个落后的农业大国转变为一个工业大国，建立了世界上最为完整的工业体系，拥有联合国确定的所有工业门类，但"大而不强"是中国的最基本国情；中国工业化进程已从初期阶段快速发展到工业化后期阶段。在令世人瞩目的经济增速背后，是一个世界性的实体经济大国崛起，或者更为具体地说是工业大国的崛起。

（二）一般工业技能

1. 金工实习

金工实习是为了培养学生现代化工程素质，启迪学生创新意识。它包括铸造、锻压、焊接、切削加工基础知识，车工、铣工、刨工、磨工、钳工、数控加工、特种加工等内容。职业学院机电工程专业通常开设金工实习课程，包含钳工实习、车工实习和铣工实习。要掌握铣床的基本结构和操作方法、工件安装的方法及要求、工件对刀的方法、铣削要素及切削用量的换算、铣削方式的区分，具有使用普通铣床按照图纸加工出中等复杂零件的技能，具备按图纸要求控制尺寸的能力。

工人技能的增强是社会进步和经济实力增长的基本源泉。技能标准是按不同工种、不同等级制定的，包括"应知""应会"和"工作实例"三部分。我国的技术等级标准，按照工种的技术复杂程度分成不同的等级系列。例如，钳工是切削加工、机械装配和修理作业中的手工作业，因常在钳工台上用虎钳夹持工件操作而得名。钳工作业主要包括錾削、锉削、锯切、划线、钻削、铰削、攻丝和套丝、刮削、研磨、矫正、弯曲和铆接等。钳工是机械制造中最古老的金属加工技术，在现代机械制造过程中仍是广泛应用的基本技术。初级钳工的工作要求如表 6-1 所示。

表 6-1　初级钳工的工作要求（节选）

职业功能	工作内容	技能要求	相关知识
一、作业前准备	作业环境准备和安全检查	1. 能对作业环境进行选择和整理 2. 能对常用设备、工具进行安全检查 3. 能正确使用劳动保护用品	钳工主要作业方法和对环境的要求
二、技术准备 （图样、工艺、标准）	1. 能读懂钳工常见的零件图及简单工艺装配图 2. 能读懂简单工艺文件及相关技术标准	1. 常见零件及简单装配图的识读知识 2. 典型零件的计算知识 3. 简单零件加工工艺知识	钳工常用设备、工具的使用、维护方法和安全操作规程
三、物质准备 （设备、工具、量具）	1. 能正确选用加工设备 2. 能正确选择、合理使用工具、夹具、量具	1. 钳工常用设备的使用、维护、保养知识 2. 钳工常用夹具、量具的使用和保养知识	劳动保护用品的作用和使用规定

2. 电子装配

电子装配主要是电子产品的零部件的安装、焊接、拼装、包装。它要求有较强的空间感和计算能力，有准确的分析、推理、判断能力，此外手指、手臂要灵活。初级电子装配工的工作要求如表 6-2 所示。

表 6-2　初级电子装配工的工作要求（节选）

职业功能	工作内容	技能要求	相关知识
一、装配前的准备	学习并理解图样及技术资料	1. 能看懂一般的零部件图和简单的电气原理图 2. 能看懂装配流程卡 3. 能识别电气原理图中常用元器件的名称、规格、型号、用途	1. 辨认所应用的零部件（元器件）的知识 2. 三视图知识
二、技术和物资准备	选择和检查工具、设备及必备材料	1. 能分选出合格零件与不合格零件 2. 能判断常用元器件的质量 3. 能清点及正确摆放各种工具 4. 能按工艺要求准备并调整好工具和工艺装备	1. 岗位职责与作业规范 2. 常用工具的名称、规格、用途 3. 元器件的原理及应用知识 4. 工艺装备的类别、用途及维护知识

三、商业服务劳动

（一）商业文明

16～18 世纪的中国商业革命是由国内大宗商品的远距离贸易和海外贸易扩张来推动的，国内大宗商品的远距离贸易在不同经济区之间，由具有地方特点的商帮进行。著名的商帮有徽商、晋商、粤商、闽商、江右商、洞庭商、京商等。千百年来，商帮文化穿越了历史长河，汇聚了不同文化因子，是我国地域型商业文化的典型代表。它是前店搞经营，专管应酬买主，招揽顾客；后场搞生产，负责加工订货，"炮制虽繁必不敢省人工，品味虽贵必不敢减物力"。这种商业文明彰显了精益求精和顾客至上的经营宗旨。

（二）服务业从业精神

服务业最重要的传承是"动脑、动手和用心"三方面的结合——动脑是理论与批判性思维的培养，动手是实操技能的训练，用心是对行业和做人的态度培养。同时，在服务领域还要保障艺术性和科学性的平衡。服务业的主要从业精神如下。

1. 换位思考

在服务业从业精神中，"换位思考"是一项非常核心的价值观和工作态度。它要求服务人员在提供服务的过程中，能够站在客户的角度去理解和体验其需求、期望和感受，从而提供更加贴心、满意的服务。具体体现在：理解客户需求，即通过设身处地为客户着想，理解他们对产品或服务的具体要求和潜在需求，从而提供精准有效的解决方案；提升服务质量，即换位思考能帮助服务人员预见并解决可能出现的问题，提前做好准备，提高服务效率与质量；关注情感体验，即理解并尊重客户的情绪反应，积极营造舒适和谐的服务氛围，让客户感受到被重视和尊重；建立信任关系，即通过深入了解客户的立场和需求，建立深厚的信任关系，进而增强客户的忠诚度和满意度；不断改进服务，即持续运用换位思考来审视自身提供的服务，寻找改进的空间，以便更好地满足客户的需求变化。

2. 服务意识

服务意识是指企业全体员工在与一切企业利益相关的人或企业的交往中所体现的为其提供热情、周到、主动的服务的欲望和意识，即自觉主动做好服务工作的一种观念和愿望，它是发自服务人员内心的。具有服务意识的人，能够把自己利益的实现建立在服务别人的基础之上，能够把利己和利他行为有机协调起来，常常表现出"以别人为中心"的倾向。因为他们知道，只有首先以别人为中心，服务别人，才能体现出自己存在的价值，才能得到别人对自己的服务。

3. 顾客至上

服务行业的企业文化是以服务为导向、以顾客为中心的服务文化。现代服务业是社会经济链条中的重要一环，上游可创造产品和效率，下游可创造市场和需求。现代服务业集聚了一大批受过良好教育、拥有现代文化素养、受过专业训练的从业者。服务和产品的营销原则基本相同。但有一些差异，与实际产品相比，服务更难以通过客观指标来描述，因此消费者可能在服务选择和购买方面有更多选择。此外，服务有效性更多地取决于服务员工的质量，而不仅仅是品牌保证。由于存在诸多与"人"相关的因素，服务业通常被认为是非标准产品。

（三）营销策划实习

营销，指企业发现或发掘准消费者需求，让消费者了解该产品进而购买该产品的过程。市场营销是在创造、沟通、传播和交换产品中，为顾客、客户、合作伙伴以及整个社会带来经济价值的活动、过程和体系。商业最看重的是营销，谋营销就是谋发展。以餐饮业为例，多家名店借助抖音等多媒体直播带货送福利，促使客人到店消费或者预订外卖，实现了更多盈利。

1. 4P 理论

4P 理论概括了营销四要素：产品 (product)、价格 (price)、渠道 (place)、促销 (promotion)，4P 理论是营销策略的基础。产品是指企业提供给目标市场的货物、服务的集合，包括产品的效用、质量、外观、式样、品牌、包装和规格，还包括服务和保证等因素。价格主要包括基本价格、折扣价格、付款时间、借贷条件等，它是指企业出售产品所追求的经济回报。渠道主要包括分销渠道、储存设施、运输设施、存货控制，它代表企业为使其产品进入和达到目标市场所组织、实施的各种活动。促销是指企业利用各种信息载体与目标市场进行沟通的传播活动。4P(产品、价格、渠道、促销)是市场营销过程中可以控制的因素，也是企业进行市场营销活动的主要手段，对它们的具体运用，形成了企业的市场营销战略。

2. 销售核心五要素

成功的销售人员，要掌握五个核心要素：产品知识、销售技巧、落实执行、做事态度和借助外力。销售核心五要素与4P理论相互支撑，可在人员层面夯实关键技能。营销需要我们对客户的心理需求有所把握，在销售沟通中要重视语言的引导，对销售漏斗层层铺垫。我们要把客户分类，用不同的精力去跟进，认真、勤奋是必备的态度。借助外力就是要制作和使用销售工具，例如产品介绍的单页、报价单、幻灯片等。此外我们还需要和同事及上级处理好关系，这样团队才会提供销售上的帮助。

3. 精准营销

(1) 精准的市场定位。市场营销中有一个著名的20/80法则，它充分说明了不同的客户会给企业带来不同的价值。因此，当我们准备将产品推向市场时，必须先找到准确的市场定位，然后集中公司的优势资源，才有可能获得市场战略和营销活动的成功。产品要得到用户的青睐，必须能够在恰当的时间、提供恰当的产品、用恰当的方式、送达恰当的顾客手中。而这"恰当"到一定程度，即称为"精准"。

(2) 巧妙的推广策略。精准营销借助数据库的筛选，寻找到目标客户，实施有效的推广策略，实现精准销售，从而大大降低营销费用的浪费。当前方兴未艾的新媒体营销就是基于大数据和互联网技术开展的精准推广。

(3) 更好的客户体验。在以市场为导向、以消费者为中心的营销新时代，我们要想获得收益，就必须关注客户价值。只有实现了客户价值，才可能给企业带来丰厚的利润和回报。当然，只有当客户的需求转化为公司价值时，我们才是真正满足了客户需求，所以必须通过客户体验来获取客户的真实需求。由此可见，以消费为导向、关注消费个体体验就是精准营销中要实现更高的客户体验的真谛。

▶▶▶ **说一说**：通过学校的学习，你掌握了哪些技能？这些技能能为你今后的学习、生活及工作带来哪些帮助？

📘 劳动实践

根据所学社会调查知识，分组完成一项企业加班情况的调查，看看从中你能得到什么结论。

陶安：31年用坚持铸造的"车工大王"

陶安，中国航发贵州红林航空动力控制科技有限公司车工，首席专家。他把自己的青春年华都献给了车工岗位。

陶安在操作机床

31年的钻研，他的业务水平不断提升，练就了全能的车工本领。

31年的磨砺，他从平凡的工人到最美贵州人、贵州最美军工人、最美劳动者、贵州省劳动模范。

31年的坚持，成就了他"车工大王"的称号。

一路走来，他从师傅的徒弟到徒弟的师傅，一直坚守岗位，坚持梦想，给徒弟传授经验、给学生带去希望。

1986年，19岁的陶安技校毕业后分配到了中国航发红林，当上了一名普通的车工。

31年来，陶安扎根红林生产一线，踏踏实实地一直干着车工，从未挪位。到车间的这条路，见证着陶安的成长，见证着他的成绩。

三十多年的生产实践中，陶安开动脑筋搞创新，经过反复实践，解决了用普通硬质合金加工高硬度零件以车代磨的技术难题。

陶安查阅资料不断试验，通过技术改进，解决了螺纹环规合格率低的技术难题，产品质量合格率由30%提高到99.9%。这项技术获得了国家专利，为行业作出了重大贡献。

陶安在实践中勤于思考、醉心发明，他想出的一些办法，成功解决了军品工装加工余量大、加工困难等难题，每年都为企业节约了可观的刀具费用，为公司创造了经济效益。

陶安和徒弟研究产品零件加工方法

打开车间工具箱，一摞摞获奖证书印证着陶安的付出："贵州省技术能手""贵州省有突出贡献的高技能人才""最美贵州人""最美劳动者""贵州省学雷锋标兵""贵州省劳动模范""全国五一劳动奖章"……

陶安为贵州航空职业技术学院学生上课

贵州航空职业技术学院给陶安专门成立了工作室，让他专心培养学生。贵州省总工会以他的名字命名了贵州省劳模（高技能人才）创新工作室，让他在工作的同时，能够传授技艺，让更多的人受益。当上客座教授的陶安，毫无保留地给学子传授车工工艺，他说要让更多学生学到自己掌握的所有技能。教学时，陶安既耐心教导，又严格要求。他说，有些孩子家庭贫困，希望通过自己的教学，改变这些孩子的命运。当看着自己的学生一步步掌握车工工艺时，陶安脸上总是洋溢着笑容。

陶安给学生现场示范设备操作技巧

　　30 多年来，从师傅的徒弟，到徒弟的师傅，已有 30 多人师从陶安，他没有丝毫保留。徒弟周作云参加第 41 届世界技能大赛贵州片区选拔赛时，获得车工组优秀奖；徒弟万光庭在贵州省青年职业技能大赛中获车工组第一名。

陶安利用业余时间学习

　　夜深人静时，陶安不忘学习，他把自己 30 多年来近 10 万字的工作笔记整理成《车工实用技能与技巧选编》，已经成书出版。

　　下班时分，陶安和工友们一起走出公司的大门。他矫健的步伐彰显着一名工人的自豪。一路走来，他没有后悔，没有遗憾，因为是知识给了他想法，是想法赋予了他动力，是动力促进了成长。作为航空人，作为一名车工，光荣与自豪永远伴随，他无怨无悔！

07

第七章　职场劳动实践

第一节　劳动保护和消防安全

一、劳动保护、劳动条件和职业危害防护

劳动保护是指企业为了防止劳动过程中的安全事故，采取各种措施来保障员工的生命安全和健康。在劳动生产过程中，往往存在各种不安全、不卫生的因素，如不采取措施对劳动者加以保护很可能会导致工伤事故。如矿井作业可能发生瓦斯爆炸、水火灾害等；建筑施工可能发生高空坠落、物体打击和碰撞等。这些事故都会危害员工的安全健康，妨碍工作的正常进行。国家为了保障员工身体健康和生命安全，通过制定相应的法律和行政法规、规章规定进行劳动保护，要求企业根据自身的具体情况，制定具体的劳动保护制度，以保证员工的健康和安全。

劳动条件主要是指企业为使员工顺利完成劳动合同约定的工作任务，为员工提供必要的物质和技术条件，如必要的劳动工具、机械设备、工作场地、劳动经费、辅助人员、技术资料、工具书以及其他必不可少的条件。

职业危害是指企业的员工在职业活动中，因接触职业性有害因素如粉尘、放射性物质和其他有毒、有害物质等从而对生命健康所引起的危害。根据《中华人民共和国职业病防治法》第三十三条的规定，用人单位与劳动者订立劳动合同（含聘用合同，下同）时，应当将工作过程中可能产生的职业病危害及其后果、职业病防护措施和待遇等如实告知劳动者，并在劳动合同中写明，不得隐瞒或者欺瞒。此外，《中华人民共和国职业病防治法》中还规定了企业在职业病防护中的义务。

(1) 用人单位应当为劳动者创造符合国家职业卫生标准和卫生要求的工作环境和条件，并采取措施保障员工获得职业卫生保护。

(2) 应当建立、健全职业病防治责任制，加强对职业病防治的管理，提高职业病防治水平，对本单位产生的职业病危害承担责任。

(3) 用人单位必须采用有效的职业病防护措施，并为劳动者提供个人使用的职业病防护用品。

(4) 用人单位的主要负责人和职业卫生管理人员应当接受职业卫生培训，遵守职业病防治法律、法规，依法组织本单位的职业病防治工作。用人单位应当对劳动者进行上岗前的职业卫生培训和在岗期间的定期职业卫生培训，督促劳动者遵守职业病防治法律、法规、规章和操作规程，指导劳动者正确使用职业病防护设备和个人使用的职业病防护用品。

二、合理规避劳动禁忌

（一）脑力劳动禁忌

1. 生理健康失常

长期过度脑力劳动，使大脑缺血、缺氧，神经衰弱，从而导致注意力不集中、记忆力下降、思维欠敏捷、反应迟钝、睡眠规律不正常等问题。其中，睡眠规律不正常症状为白天瞌睡，大脑昏昏沉沉；夜晚卧床后，大脑却兴奋起来，难以入眠；醒后大脑疲劳不缓解，精神不振。

2. 心理健康失常

生理功能的失衡，会造成心理活动失衡，出现忧虑、紧张、抑郁、烦躁、消极、敏感、多疑、易怒、自卑、自责等不良情绪。心理不健康的症状表现为表面上强打精神，但内心充满困惑和痛苦、无奈和彷徨，继而对工作丧失兴趣，产生厌倦感，甚至产生轻生念头。

（二）体力劳动禁忌

1. 长期重复一定姿势

长期从事站姿作业或坐姿作业、强迫体位作业等较容易导致腰肌劳损、下肢静脉曲张、神经血管疼痛、视力下降等身体损伤。

2. 不良劳动环境条件

高温、寒冷、潮湿、光线不足、通道狭窄等不良劳动环境条件，会增加劳动负荷、提高劳动强度，容易产生疲劳和损伤。

3. 企业劳动安排不合理

劳动时间过长，劳动强度过大，休息时间不足，轮班制度不合理等，很容易引发过度疲劳，造成身体损伤。

4. 身体素质不强

劳动者身体状况不适应所安排的劳动强度时可能会导致其身体损伤。

（三）女职工劳动禁忌

为保护女职工的合法权益和身体健康，减少和解决女职工在劳动中因生理特点造成的特殊困难，创造积极、健康、和谐的社会经济环境，我国对女职工实行特殊的劳动保护制度。

1. 女职工禁忌从事的劳动范围

用人单位在安排女职工工作时，应当遵守《女职工劳动保护特别规定》中女职工禁忌从事的劳动范围的规定（如表 7-1 所示），并应当将本单位属于女职工禁忌从事的劳动范围的岗位书面告知女职工。

表 7-1　《女职工劳动保护特别规定》中禁忌从事的劳动范围

情　况	禁忌从事的劳动范围
女职工	1. 矿山井下作业 2. 体力劳动强度分级标准中规定的第四级体力劳动强度的作业 3. 每小时负重六次以上、每次负重超过二十公斤的作业，或者间断负重、每次负重超过二十五公斤的作业
女职工在经期	1. 冷水作业分级标准中规定的第二级、第三级、第四级冷水作业 2. 低温作业分级标准中规定的第二级、第三级、第四级低温作业 3. 体力劳动强度分级标准中规定的第三级、第四级体力劳动强度的作业 4. 高处作业分级标准中规定的第三级、第四级高处作业
女职工在孕期	1. 作业场所空气中铅及其化合物、汞及其化合物、苯、镉、铍、砷、氰化物、氮氧化物、一氧化碳、二硫化碳、氯、己内酰胺、氯丁二烯、氯乙烯、环氧乙烷、苯胺、甲醛等有毒物质浓度超过国家职业卫生标准的作业 2. 从事抗癌药物、己烯雌酚生产接触麻醉剂气体等的作业 3. 非密封源放射性物质的操作，核事故与放射事故的应急处置 4. 高处作业分级标准中规定的高处作业 5. 冷水作业分级标准中规定的冷水作业 6. 低温作业分级标准中规定的低温作业 7. 高温作业分级标准中规定的第三级、第四级的作业 8. 噪声作业分级标准中规定的第三级、第四级的作业 9. 体力劳动强度分级标准中规定的第三级、第四级体力劳动强度的作业 10. 在密闭空间、高压室作业或者潜水作业，伴有强烈振动的作业，或者需要频繁弯腰、攀高、下蹲的作业
女职工在哺乳期	1. 孕期禁忌从事的劳动范围的第一项、第三项、第九项 2. 作业场所空气中锰、氟、甲醇、有机磷化合物、有机氯化合物等有毒物质浓度超过国家职业卫生标准的作业

2. 女职工夜班特别规定

《女职工劳动保护特别规定》第六条规定："对怀孕 7 个月以上的女职工，用人单位不得延长劳动时间或者安排夜班劳动，并应当在劳动时间内安排一定的休息时间。"同时该法第九条规定："对哺乳未满 1 周岁婴儿的女职工，用人单位不得延长劳动时间或者安排夜班劳动。"一些地方性法规对此有进一步规定，例如，《上海市女职工劳动保护办法》第十二条规定："女职工妊娠七个月以上（按二十八周计算），应给予每天工间休息一小时，不得安排夜班劳动。"

综合上述，一般生产企业对女职工特殊时期工作调换一般遵循"经期调干不调湿、孕期调白不调夜、哺乳期调近不调远"的原则给予适当照顾。

（四）可采取的防护措施

1. 适当运动锻炼增强身体素质

脑力劳动者因工作性质会经常使大脑过度消耗，而且需要久坐，胸部难以得到扩展和活动，而体力劳动者因经常长时间重复一个劳动动作，容易使用力部位劳损，而其他部位得不到锻炼，所以无论是脑力劳动者还是体力劳动者皆可通过适当的运动来使身体各部位得到锻炼，提高身体素质，增强免疫力。

2. 生活规律且合理膳食，科学用脑，不熬夜

饮食有规律且营养健康，不饥一顿、饱一顿，进食后不立刻工作，设法提高用脑效率；尽量避免熬夜，不破坏人体的"生物钟"，使身体各器官得到恢复。

3. 采取合理的工作姿势

改善作业平台和劳动工具，加强自身作业训练，使自己能够采取正确的工作姿势和方式，尽量避免不良作业姿势，避免和减少负重作业，使身体各部位处于自然状态，减轻身体承受的压力。

4. 改善劳动环境并科学优化劳动组织和劳动制度

劳动者可要求单位科学合理设计劳动环境并能控制劳动环境中各种有害因素，创造良好的劳动环境，如适宜的温度、湿度、光照、空间等。另根据参与劳动的个体情况合理安排相匹配的工作，并安排适当的工间休息和轮班制度。

三、职业病防护

职业病，是指企业、事业单位和个体经济组织等用人单位的劳动者在职业活动中，因接触粉尘、放射性物质和其他有毒有害物质等因素而引起的疾病。职业病的危害因素是指在生产过程中、劳动过程中、作业环境中存在的危害劳动者健康，可能导致职业病的各种因素。

（一）常见职业病种类

2013 年 12 月 23 日，国家卫生计生委、人力资源社会保障部、安全监管总局、全国总工会四部门联合印发《职业病分类和目录》，新颁布的《职业病分类和目录》将职业病分为十大类，职业病种类如表 7-2 所示。

表 7-2　职业病分类

职业病分类	职业病种类
一、职业性尘肺病及其他呼吸系统疾病	（一）尘肺病
	1. 矽肺；2. 煤工尘肺；3. 石墨尘肺；4. 炭黑尘肺；5. 石棉肺；6. 滑石尘肺；7. 水泥尘肺；8. 云母尘肺；9. 陶工尘肺；10. 铝尘肺；11. 电焊工尘肺；12. 铸工尘肺；13. 根据《尘肺病诊断标准》和《尘肺病理诊断标准》可以诊断的其他尘肺
	（二）其他呼吸系统疾病
	1. 过敏性肺炎；2. 棉尘病；3. 哮喘；4. 金属及其化合物粉尘肺沉着病（锡、铁、锑、钡及其化合物等）；5. 刺激性化学物所致慢性阻塞性肺疾病；6. 硬金属肺病
二、职业性放射性疾病	1. 外照射急性放射病；2. 外照射恶急性放射病；3. 外照射慢性放射病；4. 内照射放射病；5. 放射性皮肤疾病；6. 放射性肿瘤（含矿工高氡暴露所致肺癌）；7. 放射性骨损伤；8. 放射性甲状腺疾病；9. 放射性腺疾病；10. 放射复合伤；11. 根据《职业性放射性疾病诊断标准（总则）》可以诊断的其他放射性损伤
三、职业性化学中毒	1. 铅及其化合物中毒（不包括四乙基铅）；2. 汞及其化合物中毒；3. 锰及其化合物中毒；4. 镉及其化合物中毒；5. 铍病；6. 铊及其化合物中毒；7. 钡及其化合物中毒；8. 钒及其化合物中毒；9. 磷及其化合物中毒；10. 砷及其化合物中毒；11. 铀及其化合物中毒；12. 砷化氢中毒；13. 氯气中毒；14. 二氧化硫中毒；15. 光气中毒；16. 氨中毒；17. 偏二甲基肼中毒；18. 氮氧化合物中毒；19. 一氧化碳中毒；20. 二硫化碳中毒；21. 硫化氢中毒；22. 磷化氢、磷化锌、磷化铝中毒；23. 氟及其无机化合物中毒；24. 氰及腈类化合物中毒；25. 四乙基铅中毒；26. 有机锡中毒；27. 羰基镍中毒；28. 苯中毒；29. 甲苯中毒；30. 二甲苯中毒；31. 正己烷中毒；32. 汽油中毒；33. 一甲胺中毒；34. 有机氟聚合物单体及其热裂解物中毒；35. 二氯乙烷中毒；36. 四氯化碳中毒；37. 氯乙烯中毒；38. 三氯乙烯中毒；39. 氯丙烯中毒；40. 氯丁二烯中毒；41. 苯的氨基及硝基化合物（不包括三硝基甲苯）中毒；42. 三硝基甲苯中毒；43. 甲醇中毒；44. 酚中毒；45. 五氯酚（钠）中毒；46. 甲醛中毒；47. 硫酸二甲酯中毒；48. 丙烯酰胺中毒；49. 二甲基甲酰胺中毒；50. 有机磷中毒；51. 氨基甲酸酯类中毒；52. 杀虫脒中毒；53. 溴甲烷中毒；54. 拟除虫菊酯类中毒；55. 铟及其化合物中毒；56. 溴丙烷中毒；57. 碘甲烷中毒；58. 氯乙酸中毒；59. 环氧乙烷中毒；60. 上述条目未提及的与职业有害因素接触之间存在直接因果联系的其他化学中毒
四、物理因素所致职业病	1. 中暑；2. 减压病；3. 高原病；4. 航空病；5. 手臂振动病；6. 激光所致眼（角膜、晶状体、视网膜）损伤；7. 冻伤
五、职业性传染病	1. 炭疽；2. 森林脑炎；3. 布鲁氏菌病；4. 艾滋病（限于医疗卫生人员及人民警察）；5. 莱姆病

续表

职业病分类	职业病种类
六、职业性皮肤病	1.接触性皮炎；2.光接触性皮炎；3.电光性皮炎；4.黑变病；5.痤疮；6.溃疡；7.化学性皮肤烧伤；8.白斑；9.根据《职业性皮肤病诊断标准(总则)》可以诊断的其他职业性皮肤病
七、职业性眼病	1.化学性眼部烧伤；2.电光性眼炎；3.白内障(含放射性白内障、三硝基甲苯白内障)
八、职业性耳鼻喉口腔疾病	1.噪声聋；2.铬鼻病；3.牙酸蚀病；4.爆震聋
九、职业性肿瘤	1.石棉所致肺癌、间皮瘤；2.联苯胺所致膀胱癌；3.苯所致白血病；4.氯甲醚、双氯甲醚所致肺癌；5.砷及其化合物所致肺癌、皮肤癌；6.氯乙烯所致肝血管肉瘤；7.焦炉逸散物所致肺癌；8.六价铬化合物所致肺癌；9.毛沸石所致肺癌、胸膜间皮瘤；10.煤焦油、煤焦油沥青、石油沥青所致皮肤癌；11.β-萘胺所致膀胱癌
十、其他职业病	1.金属烟热；2.滑囊炎(限于井下工人)；3.股静脉血栓综合征、股动脉闭塞症或淋巴管闭塞症(限于刮研作业人员)

(二)职业病的防护

1.毒物防护

生产性毒物，是指在生产过程中产生的，存在于工作环境空气中的毒物。生产性毒物的种类繁多，影响面大，职业中毒约占职业病总数的一半。预防职业性毒物必须采取综合性的防治措施，如表7-3所示。

表7-3　生产性毒物防护措施表

防毒措施	具体说明
组织管理措施	重视预防职业中毒工作，在工作中应认真贯彻执行国家有关预防职业中毒的法规和政策，结合企业内部接触毒物的性质，制定预防措施及安全操作规程，并建立相应的组织领导机构
消除毒物降低毒物浓度	利用科学技术和工艺改革，使用无毒或低毒物质代替有毒或高毒的物质
改革工艺	1.尽量采用先进技术和工艺过程，避免开放式生产，消除毒物逸散的条件 2.采用远距离程序控制，最大限度地减少工人接触毒物的机会 3.用无毒或低毒物质代替有毒或高毒物质等
通风排毒	1.应用局部抽风式通风装置将产生的毒物尽快收集起来，防止毒物逸散 2.常用的装置有通风柜、排气罩、槽边吸气罩等，排出的毒物要经过净化装置，或回收利用或净化处理后排空
合理布局	1.不同生产工序的布局，不仅要满足生产上的需要，而且要考虑卫生上的要求 2.有毒的作业应与无毒的作业分开，危害大的毒物要有隔离设施及防范手段

续表

防毒措施	具 体 说 明
安全管理	对生产设备要加强维修和管理，防止跑、冒、滴、漏污染环境，降低毒物浓度
个人防护	1. 做好个人防护与个人卫生。除普通工作服外，还需对特殊工种的作业人员提供特殊质地的防护服。如接触强碱、强酸应有耐酸耐碱的工作服，对某些毒物作业要有防毒口罩与防毒面具等 2. 为保持良好的个人卫生状况，减少毒物作用机会，应设置盥洗设备、沐浴室及存衣室，配备个人专用更衣箱等
增强体质	1. 合理实施有毒作业保健待遇制度，因地制宜地开展体育锻炼 2. 注意安排夜班工人休息，组织员工进行有益身心的业余活动，以及做好季节性多发病的预防等
监测检查	1. 要定期监测作业场所空气中毒物浓度，将其控制在最高容许浓度以下 2. 实施就业前健康检查，排除职业禁忌证者参加接触毒物的作业 3. 坚持定期健康检查，尽早发现员工健康问题并及时处理

2. 粉尘防护

生产性粉尘是指在生产中形成的，并能长时间飘浮在空气中的固体微粒，如矽尘、煤尘、石棉尘、电焊烟尘等。生产性粉尘根据其理化特性和作用特点不同，对机体的损害也不同，可引起不同疾病。因此，应采取有效的预防措施控制生产性粉尘的产生，如表7-4所示。

表7-4　生产性粉尘防护措施表

防尘措施	具 体 说 明
组织措施	1. 加强组织领导是做好防尘工作的关键。粉尘作业较多的厂矿领导要有专人分管防尘事宜，建立和健全防尘机构，出台防尘工作计划和必要的规章制度，切实贯彻综合防尘措施，建立粉尘监测制度 2. 大型厂矿应有专职测尘人员，医务人员应对测尘工作提出要求，定期检查并指导，做到定时定点测尘，评价劳动条件改善情况和技术措施的效果 3. 做好防尘宣传工作，从领导到职工，让大家都能了解粉尘的危害，根据自己的职责和义务做好防尘工作
技术措施	**具 体 说 明**
改革工艺过程	1. 革新生产设备是消除粉尘危害的根本途径。应从生产工艺设计、设备选择等各个环节做起，确保产尘机械在出厂前就应达到防尘要求 2. 如采用封闭式风力管道运输，负压吸砂等消除粉尘飞扬，用无矽物质代替石英，以铁丸喷砂代替石英喷砂等
湿式作业	1. 湿式作业是一种经济易行的防止粉尘飞扬的有效措施 2. 凡是可以湿式生产的作业均可使用，例如，矿山的湿式凿岩、冲刷巷道、净化进风等，石英、矿石等的湿式粉碎或喷雾洒水，玻璃陶瓷业的湿式拌料，铸造业的湿砂造型、湿式开箱清砂、化学清砂等

续表

技术措施	具体说明
密闭、吸风、除尘	1. 对不能采取湿式作业的产尘岗位，应采用密闭、吸风、除尘等措施 2. 凡是能产生粉尘的设备均应尽可能密闭，并用局部机械吸风，使密闭设备内保持一定的负压，防止粉尘外逸 3. 抽出的含尘空气必须经过除尘净化处理，才能排出，避免污染大气
个人防护和个人卫生	1. 对受到条件限制粉尘浓度达不到允许浓度标准的作业应佩戴合适的防尘口罩 2. 开展体育锻炼，注意营养；此外应注意个人卫生习惯，不吸烟 3. 遵守防尘操作规程，严格执行未佩戴防尘口罩不上岗操作的制度
就业前及定期体检	1. 对新从事粉尘作业的员工，必须进行健康检查，目的主要是发现粉尘作业就业禁忌证及作为健康资料 2. 定期体检的目的在于早期发现粉尘对健康的损害，发现有不宜从事粉尘作业的疾病时，及时将员工调离岗位

3. 物理有害因素防护

生产作业场所物理有害因素主要包括高温、高气压、振动、噪声、紫外线、红外线、微波、电磁辐射（高频、超高频、微波）工频等。物理有害因素的防治主要是加强个人防护和采用合理的工艺及其设备，具体的防护措施如表 7-5 所示。

表 7-5　物理有害因素的防护措施表

防护内容	具体措施
噪声	1. 如长期在超过 86 dB(A) 作业环境下作业时应加强对作业人员听觉器官的防护，正确佩戴防噪声耳塞、耳罩和防噪声帽等听力保护器材 2. 采用无噪声或低噪声的工艺或加工方法，选用低噪声的设备，加强对设备的经常性维护 3. 降低设备运行负荷，使用消声器
高温	1. 控制污染，合理设计工艺流程，远离热源，利用热压差自然通风，切断污染途径 2. 隔热、通风、降温、使用空调等 3. 合理安排作息时间，加强机体热适应训练，提供清凉饮料，使用高温防护服和防护帽
振动	1. 在厂房设计与机械安装时要采用减振、防振措施 2. 对手持振动工具的重量、频率、振幅等应进行必要的限制，工作中应适当安排工间休息，实行轮换作业，间歇使用振动工具 3. 使用振动工具时应采用防振动手套，或者在振动工具外加防振垫
紫外线	1. 电光性眼炎是眼部受紫外线照射所致的角膜炎、结膜炎，常见于电焊操作及产生紫外线辐射的场所 2. 电焊作业人员作业时应佩戴好防护面罩。如室内同时有几部焊机工作时，最好中间设立隔离屏障，以免相互影响 3. 车间墙壁上可以涂刷锌白、铬黄等颜色以吸收紫外线。尽量不要在室外进行电焊作业以免影响他人

防护内容	具 体 措 施
电磁辐射	1. 在作业场所强磁场源周围设置栅栏或屏障，用铜丝网隔离，但一定要接地，这有助于阻止未经许可的人员进入场强超过国家暴露限值的区域 2. 远距离操作，在屏蔽辐射源有困难时，可采用自动或半自动的远距离操作，在场源周围设立明显标志，禁止人员靠近 3. 工作地点应置于辐射强度小的部位，避免在辐射流的正前方工作 4. 工作中要加强对作业场所电磁场环境的监测，明确电场、磁场的实际水平
不良气象条件	加强管理、改善作业环境，严格按照国家有关作业标准进行作业，合理安排劳动作息时间，让作业人员轮流休息

四、消防安全与疏散逃生

工厂、学校人员密度高，存在一定的火灾危险性，要增强消防安全意识，掌握火灾逃生常识和消防技能。

（一）火灾事故发生原因的分析

1. 消防安全意识淡薄

有些人存在侥幸心理，认为火灾离自己很远，不会在自己身边发生，因此在学校举行消防安全知识教育和培训时，没有认真参与学习、领会，有的甚至认为这是多此一举的事情。

2. 存在违反学校安全管理制度的行为

学校内违章使用电器现象时有发生，个别同学为图省事，经常违规使用电炉、热得快等大功率电热器，导致线路超载引起火灾；再加上计算机等用电器具的逐步普及，增加了线路负荷，极易导致火灾发生。校内胡乱丢弃烟头的现象在男生中时有发生，烟头一旦与可燃物接触就容易引起燃烧甚至酿成火灾。

3. 消防知识贫乏

有的学生不了解电气基本知识，例如，照明灯距离蚊帐太近，充电器长时间充电，都会存在火灾隐患。

（二）火灾逃生常识

(1) 了解和熟悉环境。进入公共场所时，要观察安全出口和灭火器的位置，并注意查看安全疏散指示标志，了解紧急救生路线。一旦发生火灾，可及时疏散和灭火。

(2) 迅速撤离。一旦听到火灾警报或意识到自己被火围困，要立即想法撤离。

(3) 保护呼吸系统。逃生时可用毛巾或餐巾布、口罩衣服等将口捂严，否则会有中毒和被热空气烧伤呼吸系统软组织窒息致死的危险。

(4) 通道疏散。可使用如疏散楼梯、消防电梯、室外疏散楼梯等，也可考虑利用窗户、阳台、屋顶、避雷线、落水管等脱险。

(5) 绳索滑行。用结实的绳子或将窗帘、被褥等撕成条、拧成绳，用水沾湿后将其拴在牢固的暖气管道、窗框、床架上，被困人员逐个顺绳索滑到下一楼层或地面。

(6) 低层跳离，适用于二层楼。跳前先向地面扔一些棉被、枕头、床垫、大衣等柔软物品，以便"软着陆"。然后用手扒住窗户，身体下垂，自然下滑，以缩短跳落高度。

(7) 借助器材。常用的有缓降器、救生袋、救生网、气垫软梯滑台、导向绳、救生舷梯等。

(8) 暂时避难。在无路逃生的情况下，可利用卫生间等暂时避难。避难时，要用水把卫生间内一切可燃物淋湿，以延长避难时间。在暂时避难期间，要主动与外界联系，以便尽早获救。

(9) 利用标志引导脱险。在公共场所的墙上、顶棚上、门上、转弯处都设置"太平门""紧急出口""安全通道""火警电话"和逃生方向箭头等标志，被困人员按标志指示方向顺序逃离。

(10) 利人利己。遇到不顾他人的行为和前拥后挤的现象，要坚决制止。只有有序地迅速疏散，才能最大限度地减少人员伤亡。

特别提示：

(1) 火灾袭来时要迅速逃生，不要贪恋财物；

(2) 平时要了解掌握火灾逃生的基本方法，熟悉逃生路线；

(3) 遇到火势危急时，要当机立断披上浸湿的衣物、被子等，从安全出口方向冲出去；

(4) 穿过浓烟逃生时，要尽量使身体贴近地面，并用湿毛巾捂住口鼻；

(5) 身上着火，千万不要奔跑，可就地打滚或用厚重衣物压灭火苗；

(6) 遇火灾时不可乘坐电梯，要向安全出口方向逃生；

(7) 室外着火，门已发烫时，千万不要开门，以防大火窜入室内，要用浸湿的被褥、衣物等堵塞门窗，并泼水降温；

(8) 如果所有逃生线路均被大火封锁，要立即退回室内，用打手电筒、挥舞衣物、呼喊等方式向窗外发送求救信号，等待救援。

▐▐▶ 看一看：观看一段消防安全视频，谈谈你的感想。

🖫 劳动实践

分组对宿舍消防设施进行检查，看看能发现什么问题，谈谈你的意见。

第二节　实习兼职和现场管理

一、实践教学与实习实训认知

（一）实践教学

1. 实践教学是学校教学体系的有机组成部分

实践教学是学校根据专业培养目标的要求，有计划地组织学生以获取感性知识、进行基本技能训练、增强实践能力和创新能力、提高综合素质的一系列教学活动的总称。根据《教育大辞典》的解释：实践教学是相对于理论教学的各种教学活动的总称，包括实验、实习、设计、工程测绘、社会调查等。旨在使学生获得感性知识，掌握技能、技巧，养成理论联系实际的习惯，提升独立工作能力。各类型高等教育共有的实践教学环节包括实验、实习、工程训练、实训、课程设计等。

实践教学与理论教学尽管在性质与功能上具有较大的差别，但是它们并不是两种对立的教学体系，二者之间存在着密切的内在联系。理论教学是实践教学的基础，理论知识能够为实践教学提供必要的指导，也能为实践中遇到的现象提供合理的解释和说明。而实践教学则是理论教学的深化，它可以加深对理论知识的理解，并且能够为理论创新提供经验素材。因此，实践教学与理论教学既相互独立又有机结合，两者相辅相成，不可偏废，共同构成学校完整的教学体系，实践教学是学校实现人才培养目标必不可少的环节。

2. 实践教学是我国学校教学改革的重要内容

实践教学旨在加深学生对理论知识的理解，锻炼学生的实际操作能力，在应用型人才培养中发挥着特殊的作用，因此受到我国政府及教育部门的高度重视。

2006 年 11 月，《中共中央关于构建和谐社会若干重大问题的决定》明确要求，要注重增强学生的实践能力、创造能力、就业能力和创业能力 (简称"四种能力")。

2010 年，教育部通过的《国家中长期教育改革与发展规划纲要 (2010—2020)》表示，我国的高等教育要注重对学生的能力培养，不断优化学生的知识结构，加强实践教学，提高学生的综合能力。强调要加强实验室、校内外实习基地、课程教材等教学基本建设。支持学生参与科学研究，强化实践教学环节，推进创业教育。创立学校与科研院所、行业企业联合培养人才的新机制。

2012 年 2 月，教育部、中宣部、财政部、文化部 (现文化和旅游部)、中国人民解放军总参谋部、中国人民解放军总政治部、团中央七部门联合下发《关于进一步加强学校实践育人工作的若干意见》中明确提出，各学校要坚持把社会主义核心价值体系融入实践育人工作全过程，把实践育人工作摆在人才培养的重要位置。号召各学校要结合专业特点和人才培养要求，分类制定实践教学标准，增加实践教学比重。深化实践教学方法改革。各学校要把加强实践教学方法改革作为专业建设的重要内容，重点推行基于问题、基于项目、基于案例的教学方法和学习方法，加强综合性实践科目设计和应用。要加强学生创新创业教育，支持学生开展研究性学习、创新性实验、创业计划和创业模拟活动。

可见，以改革创新、增强学生"四种能力"为主线的教育教学改革正在高等院校深入展开，实践教学成为学校教学改革的重要内容，实践教学环节的加强和完善也越来越成为教育领域重点研讨的课题。

3. 实践教学是培养应用型人才的关键环节

随着经济社会对应用型人才需求的不断增加，实践教学开始受到学校和社会的热切关注。对于应用型专业而言，其培养目标应重视面向生产、经营、管理实际，面向经济社会活动实际，培养运用所学知识分析问题、解决问题的能力，同时也要培养学生适应社会的能力和创业发展的能力。相对于理论教学而言，实践教学更具直观性、综合性和创造性，通过实践教学不仅可以培养学生的动手能力，而且可以加深对基础理论的认识，提高学生的综合素质，培养学生的创新意识和创新能力，是锻炼和提高学生实际应用能力的根本途径。

（二）实习实训

实习实训是学校实践教学的重要一环，包括专业实验、专业实训、专业实习等实践活动，是依托实验室、模拟场景和实习单位等多种教学环境，有计划地组织学生结合专业所学开展多样的实操性、实践性活动。实习实训本身就是一种劳动实践活动，强调的是以学为主的教育方式，让学生在参与实践中，感受新时代下劳动条件与技术的发展，感悟劳动对于国家、社会和个人的意义与价值，获得劳动带来的喜悦与自豪，进而形成正确的价值观和思想品质。

1. 实习实训的特点

在职业教育的技能课程中，一门完整的课程主要包括理论授课、实验课和实训三部分。实训与理论授课和实验课相比，在时间安排、教学形式以及教学效果方面有着突出的特点。

(1) 实训的安排时间特殊。理论授课和实验课一般是同步进行，实训课通常被安排在课程结束后进行。另外，无论是理论授课还是实验课，都是以 90 分钟为一单元，并且分散在数周里；而实训则相对集中，一般以周为单位安排。

(2) 实训的教与学活动特殊。课程教学主要采用以教师为主导、学生为主体的活动形式，而在实训环节，教师的教授时间比较少或者根本不讲，主要采用自主学习和合作学习形式，并且学生可以实训课题开展协作和交流。学生还可以随时就遇到的困难寻求教师的指导，也可以通过网络搜集材料自行解决。

(3) 实训的教学效果特殊。课堂教学的学习目标一般是该课程的某章节知识和技能；而在实训环节，实训目标是综合的、系统的。课堂教学中，学习目标的完成一般通过学生的平时作业体现出来；而在实训环节，实训目标的实现是通过实训作品和实训报告体现的，并且实训报告能将学生对学习过程的反思记录下来。

2. 实习实训的模式

实习实训的模式种类比较广泛，大致分为校内实习实训、校外实习实训以及校内校外实训相结合等方式，具有针对性强、仿真性高、开放性大的特点。具体有以下几种模式。

(1) 校内实训培养模式。学校根据课程培养目标、专业大纲计划，制定实训课程。校内实训要求学生在所学专业内，必须掌握多门课程知识，掌握多种技术技能，要求学生能够在特定的时间内进行装调、维修、做出成品等。学生通晓多方面的知识和技能，能够短时间培训技能上岗，能力强的学生还能成为企业技术骨干。但校内实训也有局限性，毕竟在校内和在企业是不一样的要求，学校的管理和企业的管理可以相通但不会完全一样。对学生来说，模拟的实训和真实的实习有不同的感受。

(2) 订单培养模式。很多企业用工迫切且需求量大，考虑到培训员工的时间和场地，企业会选择和学校进行订单式培养。学校按照企业用工的标准对学生进行理论和实践技能的培训，针对性和专业性强。学生按照标准完成课业后，能够直接上岗进行实际工作。此模式需要学生和企业签订合同，即毕业后必须在企业工作几年，企业也会给在校的优秀学生颁发奖学金甚至承担学费，以期望优秀的学生毕业后成为企业员工。纺织类专业、医药类专业的学生，特别受到企业青睐。此种实训模式，不但可以向企业输出良好的一线技术人才，也能够为职业院校打响名号。

(3) 合作式培养模式。合作式培养满足了企业、学校、学生三方面的需求，企业方面需要新鲜力量的注入，需要研发新产品、新技术、新设计，对技术工人的要求是年轻有活力、肯学习、有冲劲，不会被惯性所影响。学校方面也需要企业来给学生进行毕业设计、毕业实习等提供岗位、提供机会，为学生的毕业增加砝码。而学生也需要将所学理论与实践进行结合，提前熟悉适应岗位运作模式。但企业对合作式培养的学生要求比较高，期望学生能够对其生产科研、产品质量方面有所创新和研究，这意味着学校在学生创新、技术研究方面要进行重点培养。

(4) 企业实训模式。企业实训一般安排在学生毕业前半年到一年的时间。学生到企业实习，巩固自己的理论知识，锻炼自己的技能；了解企业的产品、对员工的要求、企业的文化以及在企业工作升职的一些条件和福利。对自己将来的职业规划有初步的想法，并且能够在企业环境里，转变自己的身份。企业也需要吸收新鲜力量，提高技术线水准，吸纳创新力量。企业接纳学生，展示自己的企业内涵，也是一种向社会宣传自己的方式。

(5) 工学交替模式。这种模式的流程是学生"在校学习—企业锻炼—回到学校学习"，一般安排在学生毕业前两年。学生在学校所学的知识和技能能否在企业有用武之地，学生的职业能力和职业道德是否达到标准，在企业实训期间可见一斑。在企业实训期间，学生是双重身份，既是学生，又是职员：在企业的时候把自己所学的知识和技能应用于实际岗位，还要经历职场的考验等在学校遇不到的问题。在企业实训期间，他们可以学到很多学校学不到的东西，也可以把自己一些新的东西带入企业。当他们再次回到学校，思想会发生一些转变，会让自己更加有紧迫感，自我提升意识会明显增强。

(6) 自主创业模式。自主创业一般是学生毕业前半年到毕业后一年学生自己进行的创业。目前我国政府大力扶持自主创业，在执照办理、税收、管理方面都有很好的政策优惠，以鼓励有创造精神和有资金支持的学生能够自主创业。政府支持、教师指导、社会力量和资金的参与流入，让学生的自主创业成为可能。自主创业模式对学生的要求是很高的，不但要求学生完成学业，还要求学生学习管理、人事、财政等方面的基本知识。学生自己也需要有财力支持，情商、智商各方面都要高，否则创业就是一纸空谈。

3. 实习教学的阶段

学生实习的本质是教学活动，是实践教学的重要环节。组织开展学生实习应当坚持立德树人、德技并修，遵循学生成长规律和职业能力形成规律，理论与实践相结合，提升学生技能水平，锤炼学生意志品质，服务学生全面发展；学生实习应当纳入人才培养方案，科学组织，依法依规实施，切实保护学生合法权益，促进学生高质量就业创业。

职业学校学生实习，是指实施全日制学历教育的中职学校、高职专科学校、高职本科学校（简称职业学校）学生按照专业培养目标要求和人才培养方案安排，由职业学校安排或者经职业学校批准自行到企（事）业等单位进行职业道德和技术技能培养的实践性教育教学活动，包括认识实习和岗位实习。

认识实习指学生由职业学校组织到实习单位参观、观摩和体验，形成对实习单位和相关岗位的初步认识的活动。

岗位实习指具备一定实践岗位工作能力的学生，在专业人员指导下，辅助或相对独立参与实际工作的活动。

学生在实习单位的岗位实习时间一般为 6 个月，具体实习时间由职业学校根据人才培养方案安排。

4. 实习实训与劳动教育融合发展的必然性

《中华人民共和国教育法》就教育方针做出明确规定："教育必须为社会主义现代化建设服务，必须与生产劳动相结合，培养德、智、体等方面全面发展的社会主义事业的建设者和接班人。"

马克思在论述教育与生产劳动相结合的重大社会意义时说："生产劳动和教育的早期结合是改造现代社会的最强有力的手段之一"。而实习实训同劳动教育相结合则是"教育同生产劳动相结合"的重要途径。

(1) 实习实训是学习劳动知识技能的主课堂。实习实训作为学校专业课堂教学的延伸，是让学生把专业知识技能从"知道"转化为"运用"的第一课堂，是实现学生掌握劳动技能、提升劳动能力的重要平台。

(2) 实习实训是培养劳动价值观的主阵地。劳动价值观的形成不是一朝一夕的，是通过观察模仿他人或亲自参与等方式认识世界，进而构建出个体看待世界的一套价值体系。实习实训作为一种以劳动为主的教育方式，为学生提供了亲身体会劳动、观察他人的劳动态度与劳动行为的机会，这有助于帮助学生在潜移默化中形成崇尚劳动、尊重劳动、热爱劳动的价值观。

(3) 实习实训是养成劳动品质的练兵场。苏霍姆林斯基认为，劳动教育是让青少年在劳动中能够最充分、最鲜明地展示他的天赋才能，并给他们带来精神创造性的幸福。也就是说，劳动教育最终是劳动品质的培养，培养学生勇于担当、拼搏奋进、积极乐观地面对生活、创造生活的品质。实习实训为磨炼劳动品质提供了练兵场，让学生能够在实践中自主思考、独立操作，在探索中不断打磨，激励学生练就敬业和精业、自信和执着的劳动品质。

二、假期实习、兼职须知

（一）假期实习指南

这里的"实习"是指教学计划外学生自行联系的利用假期时间进行的实习工作。

1. 获取实习信息

我们可以从以下渠道获取实习信息。

(1) 学校公示栏。学校附近的企业或者公司通常会把招聘信息张贴在学校公示栏。学生可以获取实习信息，筛选出合适的实习单位。

(2) 各地方人力资源和社会保障局。各地的人力资源和社会保障局每年都会有相应的政策支持学生假期实习。人力资源和社会保障局提供的用人实习单位不仅类别丰富，而且十分正规。

(3) 各大企业官网。一般来说，各大企业会在寒暑假期间，在其官网上发布学生实习招聘公告。我们若有意向进入这类企业实习可以多留意它们的官网，寻找适合自己的假期实习。

2. 寻找实习机会时的注意事项

(1) 从可靠渠道获取职位信息。

(2) 通过多种渠道了解企业背景。

(3) 认真确认面试地点。

(4) 谨慎签订实习协议。实习协议中应当写明实习薪资、实习期限、终止协议的相关条款。如果用人单位违约或拖欠工资，可以将实习协议作为证据提起劳动仲裁，以维护自身的合法权益。

(5) 拒交任何名义的费用。

(6) 求职前了解相关法规和劳动政策。

3. 结合自身兴趣或专业选择实习岗位

在选择实习岗位时应尽量选择与自己专业相匹配或者自己感兴趣的岗位，这样不仅可以学以致用，还可以挖掘自身蕴藏的潜力，为将来的就业做好铺垫。

具体选择时，要摆正心态，客观分析自己的专业知识、沟通技能、思维能力及自身性格、兴趣等，分析实习机会是否能够提高自身能力和素质，进而选择适合自己的实习岗位。

一般成熟的企业会有完备的管理流程和鲜明的企业文化，可以提升实习者的职业素养。而发展中的中小型公司虽然在管理方面不够成熟，但是实习者可以在职业能力上得到较大的提升。对于实习报酬要具体情况具体分析，如果实习机会难得，可考虑不要报酬或少要报酬。

4. 在实习中提高自身综合能力

在进入企业实习后，要尽快完成从学生到工作者的身份转变和思路转变，不断提高自己的综合能力。

首先，要清楚工作都是结果导向的。客户需要的是成果，工作评估的也是成果，过程中无论做了多少事，只要没有达成目标、交付成果都不算完成工作。如果没有产出成果，必须主动协调资源，推动问题解决。

其次，要分清事情的轻重缓急，对时间进行合理安排。不清楚手里的工作孰轻孰重时，要及时向上级领导反映或请示。

再次，对于工作内容切勿眼高手低，要以积极主动的态度认真对待接到的每一个任务，在规定的时间内保质保量地完成工作。

最后，还要注意与同事有效沟通、和谐相处等问题。

（二）假期实习实务

1. 实习初期

(1) 熟悉环境，不做局外人。实习开始后，尽快熟悉环境，除了自己部门的业务内容，还要大致了解其他部门的情况。学习使用打印机、扫描仪等办公设备。

(2) 搞清业务关键词。对领导、同事提及的专业名词，做到心中不留疑，第一时间请教他人或者查阅相关资料，明白其所指。

(3) 多听、多想、多自学。凡事多留心，多问为什么，同时还要学会自学，特别是通过看报告、旁听会议等各种渠道尽快了解工作内容及业务流程。

2. 实习中期

(1) 以正式员工的标准要求自己。要把自己当成一个有工作责任感的职场人，积极尝试承担新工作。

(2) 做事靠谱、有章法。搞清工作任务，及时汇报工作进度，遇问题先想解决办法再寻求帮助，按时保质保量完成工作。

(3) 多总结、多反思。要学会回顾工作、总结经验、思考不足。认真思考这项工作的重点环节是什么，如何避免出错，如何改进，如何更好地应对突发状况等。

3. 实习结束

(1) 请实习单位提供一份《实习鉴定》，并签字盖章。《实习鉴定》应写明实习岗位、岗位描述、实习过程中完成的工作或项目、工作评价等。

(2) 总结实习，并更新自己的简历。总结实习中的问题和收获，反思自己在哪些方面仍需要提升。及时更新简历，为毕业求职做好准备。

(3) 保持联络，获取有效信息。如果有意毕业后到实习单位求职，可根据自身情况申请适当延长实习时间。离开实习单位后，继续保持与单位同事的联络，及时了解业务发展，第一时间获得相关招聘信息。

（三）假期兼职

假期兼职可以在锻炼自己、增加生活体验的同时获取一些生活费，是一种常见的社会实践形式。在假期兼职时，我们应擦亮眼睛，谨防落入各种"陷阱"。

1. 假期兼职陷阱

(1) 传销陷阱。不少传销组织打着"连锁销售""特许经营""直销"等幌子诱骗学生参与传销活动。在形式上，传销组织也由此前的发展"下线"改为"线上营销"方式，打着"电子商务""网络直销"等旗号利用互联网进行传销，其违法活动更加隐蔽，传播范围也更为广泛。

为了避免陷入传销陷阱，可以在以下方面多留意以保护自己。

① 在找实习单位时，注意看对方是否有正规执业牌照。

② 面试时，注意对公司的营业运作模式进行判断，看是否存在虚假状况；如果企业在面试过程中表现出对我们的交友、家庭情况等比对职业技能、实习经历更感兴趣，就要有所警惕。

③ 对方若要求缴纳一笔入门费或者要求发展其他成员加入从而获得报酬的，就需要警惕其是否为传销组织。

④ 因很多传销组织都是通过亲朋好友或同学进行的，所以如果有长期没有联系的亲友、同学突然联系我们，邀请我们去异地找工作，或者有其他异常行为，就要提高警惕。

⑤ 若在面试时感觉有异常，可以择机借故先行离开，以保证自身安全。

(2) 培训陷阱。一些骗子公司通常会和一些培训机构联手，招聘时以"先培训，拿证后上岗"为由骗取求职者培训费、考试费、证书费等各种费用。实际情况往往是，经过一段时间的培训、参加完考试后，公司便不知去向，或被告知"很遗憾，考试未通过，不能上岗"。为了避免上当受骗，遇到需要培训上岗的公司时，我们可先了解培训机构是否正规，在网上查看之前参加培训人员的评价，评估培训的质量，再决定是否参加培训。

(3) "押金"陷阱。一些用人单位声称为了方便管理，向应聘者收取一定数额的押金或保证金，并承诺工作结束后退还，然而工作结束时应聘者只能领到工资，保证金却不见了踪影。更有甚者，在应聘者交过钱后说职位暂时已满，或者说暂时没有工作可做，要应聘者回去等消息，接下来便再也没有消息了。中华人民共和国人力资源和社会保障部明文规定，用人单位不得以任何名义向应聘者收取报名费、考试费等，对于员工的培训费用，应当从企业成本中支出。我们不要因求职心切落入"押金"陷阱。

(4) "黑中介"陷阱。社会上的一些"黑中介"，抓住学生缺少社会经验且找工作心切的心理，收取高额中介费后，却不履行承诺，不及时为学生找到合适的工作。这些"黑中介"的套路一般是不停地拖延，让学生等待，最后不了了之。更有一些中介"打一枪换一个地方"，骗取一定的中介费后，就消失得无影无踪。为避免此类情况出现建议大家在找假期兼职时，最好咨询学校的就业部门，或者请学校负责联系用人单位。如果必须我们自己寻找，也要找正规的企事业单位，或找正规的中介机构帮忙联系。

2. 兼职劳动关系

《中华人民共和国劳动合同法》《中华人民共和国劳动争议调解仲裁法》施行以后，若兼职者与用人单位签订了合同，则认为该兼职属于劳动关系；若双方当事人未签订合同也未达成口头协议，则认为该兼职属于劳务关系。因此，在从事兼职活动时，应仔细了解自己与兼职单位之间的各项权利义务，注重保护自己的合法权益。对于双方之间的法律关系及权利义务，最好能通过书面合同的形式予以确认。

三、现场管理

（一）现场管理概念

现场管理是管理人员对生产现场人、机、料、法、环等生产要素进行有效管理，并对其所处状态进行不断改善的基础活动。5S(5 个日语词汇罗马拼音的首字母)是以整理(Seiri)、整顿 (Seiton)、清扫 (Seiso)、清洁 (Seiketsu) 这"4S"为手段，实现第 5 个"S"素养 (Shitsuke) 的目的，营造一目了然的现场环境，使企业中每个场所的环境、每位员工的行为都能符合 5S 管理的精神，最终提高现场管理水平、提升现场安全水平和产品质量。后来，又扩充了"安全 (Safety)"和"速度 / 节约 (Speed/Saving)"两个"S"（英文单词的首字母），演变为"7S 管理"。7S 的含义如表 7-6 所示。

表 7-6　7S 的含义

7S	宣传标语	具 体 内 容
整理 (Seiri)	要与不要，一留一弃	区分需要的和不需要的物品，果断清除不需要的物品
整顿 (Seiton)	明确标识，方便使用	将需要的物品按量放置在指定的位置，以便任何人在任何时候都能立即取来使用
清扫 (Seiso)	清扫垃圾，美化环境	除掉车间地板、墙、设备、物品、零部件等上面的灰尘、异物，以创造干净、整洁的环境
清洁 (Seiketsu)	洁净环境，贯彻到底	维持整理、整顿、清扫状态，从根源上改善使现场发生混乱的现象
素养 (Shitsuke)	持之以恒，养成习惯	遵守企业制定的规章纪律、作业方法、文明礼仪，具有团队合作意识等，使之成为素养，员工能自发地改善行为
安全 (Safety)	清除隐患，排除险情，预防事故	保障员工的人身安全，保证生产能够连续安全正常地进行，同时减少因安全事故而带来的经济损失
节约 (Saving)	对时间、空间、能源等方面合理利用	发挥它们的最大效能，从而创造一个高效率的、物尽其用的工作场所

5S 活动之间是紧密联系的，整理是整顿的基础，整顿是整理成果的巩固，清扫是显现整理、整顿的效果，而通过清洁和素养，则可以使生产现场形成良好的改善氛围。各"S"

活动的运作关系如图 7-1 所示。

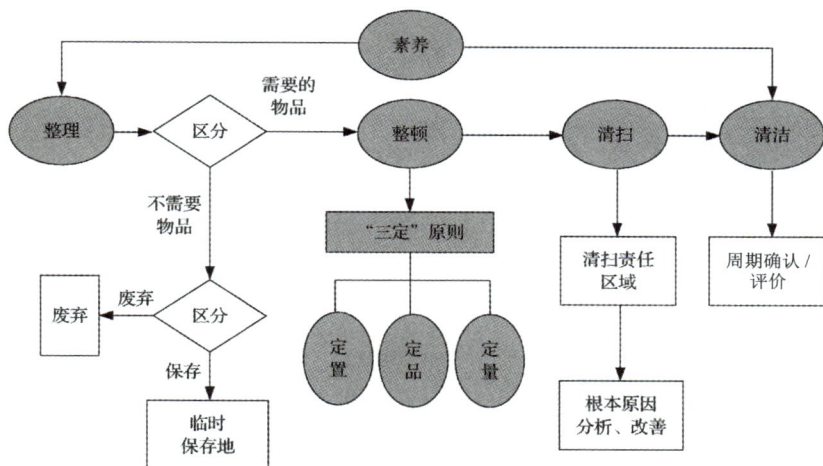

图 7-1 5 个 "S" 活动运作关系示意

（二）5S 的基本要求和作用

1. 整理

整理现场不必要的物品。整理不仅是 5S 活动的基本活动之一，也是防止事故、火灾，保证现场安全的基础。将一些非必需品放置在现场，不仅占用了作业现场的空间和通道，而且妨碍了现场的作业，同时还影响到应急事件的处理，是潜在的安全隐患，因此必须坚决清理非必需品，将其清除或放置在其他地方。

2. 整顿

整顿即按定置、定品、定量的 "三定" 原则进行现场整顿。整顿不仅是 5S 活动的基本活动之一，也是防止事故、火灾，保证现场安全的基础。考虑通道的畅通及合理，应尽可能将物品隐蔽式放置及集中放置，减少物品的放置区域，采用各种隔离方式隔离放置区域，合理利用空间，使用目视管理，标识清楚明了，安全消防设施放置要易取。

3. 清扫

现场作业人员在执行清扫工作的同时也是在做检查工作，包括看得到的、看不到的地方。对清扫中发现的问题，要及时进行整修。清扫发现的问题包括但不限于以下 5 个方面。一是地板凹凸不平，使搬运车辆中的产品发生摇晃甚至碰撞，导致发生事故，则要及时整修。二是对于松动的螺栓要马上紧固，补上丢失的螺钉、螺母等配件。三是对于需要防锈保护、润滑的部位要按照规定及时加油或保养。四是更换老化的或可能破损的水、气、油等各种管道。五是通过清扫随时发现工作场所的机器设备或一些不容易看到的地方是否需要维修或保养，及时添置必要的安全防护装置。

清扫不仅是 5S 活动的基本活动之一，也是防止事故，保证现场安全的基础。恶劣的环境是设备或系统的安全隐患，如电缆沟内积水、积泥，长期可能导致短路。清扫干净可使作业人员心情良好，头脑清醒，保证安全。

4. 清洁

对前面"3S"（整理、整顿、清扫）工作的规范化、制度化，使现场一直保持清洁的状态。清洁标准可使清洁工作内容和目标更加明确化，因此5S推行人员应根据各部门工作内容、工作环境制定明确的清洁标准，以指导各部门清洁工作。

5. 素养

素养是通过宣传、教育和各种活动，使员工遵守5S规范，养成良好习惯，以进一步使企业形成良好文化，导入目视化管理法，使现场的每个人都能容易理解，鼓励全员参与5S管理活动，使员工逐渐形成5S工作习惯的素养。

素养的要点是制度完善、活动推行、监督检查。制度完善是指根据企业状况、5S实施情况等完善现有的规章制度，如厂纪厂规、日常行为规范、5S工作规范等。活动推行是指通过班前会、员工改善提案等方法的实施，改善现场的工作状况。监督检查是指将定期检查和不定期巡检结合，加强监督、考核，使各部门人员形成良好的工作习惯和素养。

素养的目的是提升人员素质、形成良好习惯。提升人员素质是指通过制度培训、行为培训、检查监督考核，不断提高员工素质。养成良好习惯是指通过宣传培训、各种活动的施行统一员工行为，养成良好习惯，同时具有良好的个人形象和精神面貌，遵礼仪、有礼貌。

素养不仅是5S活动的基本活动之一，也是防止事故、火灾，保证现场安全的基础。为了提高自身的素养并养成良好的习惯，避免习惯性违章，我们应多参加培训并及时纠正企业在平时检查监督中发现的问题。

▶▶ **想一想**：现场管理中的"5S"能不能用在我们教室和寝室的管理？如果能，想想怎么做？

▶▶ **说一说**：岗位实习是人才培养的一项，也是教学计划必修课。通过学习本章内容，说说你对岗位实习的认识。

劳动实践

请按照5S要求清理自己的寝室或者教室，让我们的环境更加温馨。

第三节　角色转换和职场适应

一、从学校到职场

对于即将走上工作岗位的学生来说，了解学校和职场的区别很重要，它直接关系到我们能否顺利地迈出职场生涯的第一步。

（一）功能和目的不同

学校是教书育人的地方，学校的一切工作都是围绕培养人这个目标来进行的，而职场是应用知识和应用技能的场所。企业的根本目标是获得利润，满足自身的生存和发展。企业希望员工能发挥最大的潜能为企业创造价值，至于培养员工是一个次要目标。所有的企业都希望招到适应能力强、上手快的员工。对于刚刚毕业的职场新人，企业经常等不及他们成长，希望他们来之能战，战之能胜。

因此，我们在求职时，要充分考虑自己的兴趣、爱好、能力等与职位和企业的匹配度。入职前，要提前练习，做好准备。否则仓促上马，容易败下阵来，败坏心情，影响上级和同事对我们的看法，不利于我们的职场进步。

（二）协作方式不同

在学校里，学生基本上是"单兵作战"，独自完成各类作业和任务。少量需要团队合作的事情，个人的失误一般不会对团队产生致命的影响。

在职场上，大多数工作任务都需要通过团队协作来完成。任何一个环节的缺少、效率低下或错误都会给整体任务的完成带来不利的影响，并进一步损害企业的效益。即使一些可以被代替的工作，我们少做，同事就要多做；我们做错，同事就要替我们补台。

因此，在职场里我们就不能像在学校读书一样仅靠单打独斗就行了。我们既要有螺丝钉般的坚守，又要有链条般的配合。

（三）奖惩原则不同

学校和职场都看重绩效，但学校主要看学习成绩，职场主要看工作业绩。

在学校犯错，一般影响可控；而职场的一个失误，轻则给企业造成一定的损失，重则可能影响一家百年老店的发展，并断送自己的职场前程。

所以，在职场上每个人都肩负着自我成长和企业发展的双重责任，员工的行为一定要合法合规。工作创新，须在遵守程序、得到允许的前提下才能尝试。

（四）管理方式不同

学校的管理相对来说是民主的，以教育为主，学生有相当大的自由度；企业更多的是要求遵从和服从。企业按规章办事，违规即罚，纪律严明。

职场新人很容易把职场当学校，追求个性表达和工作的自主性，这样很容易引起同事和上级的反感，对自己的职场发展造成障碍。

（五）成长模式不同

校园是一个规范化的成长体系，有老师和学校保驾护航，我们一般不用特别考虑前进的方向和长远的目标。职场类似荒野求生，并没有一条常规的路线。我们要随机应变，不断调整我们的行为方式和目标，做出有利的选择。

刚入职场的学校毕业生，很容易把职场简化为考场，希望有人能为我们指出一条从初级考到中级再到高级，从普通员工晋升到高级管理人员的成长路径，这是不现实的。只有兢兢业业做好每一件事情，为企业实现价值，企业才会给我们提供成长的空间。

（六）经济来源不同

在学校里是花父母的钱，读自己的书。经济来源和支出项目相对简单，量入为出即可，可以不用专门进行财务规划。

在职场中每个人要靠自己的努力获得收益。职场收入除了供自己的日常花销外，还要考虑回馈家庭、回报社会，更要为自己未来的发展和建立家庭积累财力。

有些初入职场的学校毕业生，和上学期间一样，发多少，花多少，不够了还想着找家人赞助。大家换位思考，如果我们是父母，我们希望自己的孩子永远长不大吗？因此初入职场，每个人都要做好经济独立的准备，学会规划自己的收入和支出。

（七）人际关系不同

学校里，人与人之间不存在明显的、长期性的利益冲突，人际互动相对简单，同学之间、师生之间的关系往往是平等的、民主的。

职场中因为晋升资源稀缺等因素，人与人之间经常处于一种竞争态势。由于管理和执行的需要，企业员工之间是有等级差别的，下级服从上级是基本的纪律。所以，我们就业以后面临的一个重要挑战就是学会处理与上级、同事的关系，为自己的职场发展营造良好人际环境。

了解职场和学校的一些区别后，我们可能会觉得紧张，仿佛职场是丛林社会，处处陷阱、风险莫测。其实不用过度担心，职场竞争虽然激烈，但还是有规则的。只要我们愿意学习、善于学习，有谦卑的态度，愿意付出，主动作为，我们就能迅速适应职场，开启人生新的缤纷旅程。

二、入职须知

（一）全面了解新环境

1. 主动了解入职企业的基本情况

正所谓"知己知彼，百战不殆"，我们在正式进入企业就职之前，应该通过各种途径搜集企业信息，全面了解就业单位情况，包括企业的建制沿革、发展现状、企业文化、组织架构、工作流程、规章制度、薪资福利等，减少自己心理上的不适应感，尽快进入工作状态，为今后正式就职融入团队打下好的基础。

2. 了解企业的企业文化

企业文化是在一定社会历史环境下，企业及其成员在长期生产经营活动中形成的文化观念和文化形式的总和，是企业员工共同的价值取向、经营哲学、行为规范、共同信念和凝聚力的价值观念体系。对于新员工而言，熟悉本企业文化是了解本企业的关键环节。只有了解和体会企业文化，才能迅速理解企业的精神和宗旨，使自己的行为符合公司或企业的总体目标，适应企业发展的步伐，使自己迅速融入公司。

（二）塑造良好的职业形象

职业人从事职业活动时的形象就是职业形象。一个职业人的职业形象是公众对他的着装、气质、言谈、举止能力、敬业精神、乐观自信等外在形象和内在涵养的综合印象。

良好的职业形象不仅能够提升个人品牌价值，而且还能提高自己的职业自信心。职业形象也是维护职业声誉的重要组成部分，是企业文化和社会文明的重要组成内容。得体的职业形象会给初次见面的人以良好的第一印象。

（三）建立良好的职场人际关系

1. 尊重他人，和平相处

"敬人者，人恒敬之。"同事之间交往，应该彼此相互尊重，人和人之间的关系是平等的，不因职业高低、收入多少而改变，相互尊重、平等待人是建立良好人际关系的前提。

2. 律己宽人，包容有爱

我们在与他人的交往过程中，要努力做到严于律己，宽以待人，以责人之心责己，以恕己之心恕人。遇到事情多进行换位思考，不要斤斤计较，做到谦让大度、宽容守礼，这是建立良好人际关系的润滑剂。

3. 诚实守信，进退有度

君子重诺，而诚信乃立身之本。在日常生活、工作中要养成良好的习惯，做到诚实守信。同时，与人交往时还要注意进退有度，保持合适的距离，不给他人造成困扰和误会。

三、职业环境的适应和职业角色转换

（一）职业环境的适应

一些毕业生走上岗位后会产生对新环境的诸多不适应，主要表现在心理上、生活上、工作上、人际关系上和工作技能上的不适应。任何人对环境都有一个适应过程，怎样尽快适应新环境呢？

1. 心理适应

步入职场，要树立整体协作意识、独立工作意识、创造意识，并努力克服对学生角色的依恋心理、观望等待的依赖心理、消极退缩的自卑心理、苦闷压抑的孤独心理、见异思迁的浮躁心理。

新人进入职场一般是从基层做起。俗话说，"良好的开端是成功的一半"。作为职场新人的我们首先要学会心理适应，学会适应艰苦、紧张而又有节奏的基层生活。由于缺少基层生活经历，可能会不习惯一些制度、做法，这时要学会入乡随俗，适应新的环境。我们要在这个阶段培养出自己的整体协作意识、独立工作意识和创造意识。

(1) 要有自信。虽然在刚开始的时候我们可能会做错事，但只要能够吸取经验，在同事和前辈们的帮助下，提升整体协作意识，独立工作意识就会逐渐养成。

(2) 要有耐性。充分发挥自己的主观能动性和创造性，凡事要进行具体分析，然后脚踏实地地工作。在一个行业准备好从底层做起，不断积累经验、提升能力，就能为今后的职业发展打下一个良好基础，形成一个有延续性的职业发展历程。

(3) 建立工作和生活的边界。工作和生活是我们人生的两个组成部分，缺一不可。把工作和生活分开，建立平衡和边界，有利于提高工作效率和享受多彩人生。一些职场新人工作中想着生活，生活中还在工作，缺乏边界。从早到晚，忙忙碌碌。短时间可以，长期这样，会让自己疲惫不堪，造成职业幸福感降低和严重的职业倦怠。

总之，就业之初，我们从相对简单的学生角色转变到较为复杂的职业角色，理想与现实之间总有差距，面临困难和挑战这是情理之中的，也是正常的。我们要完成从学生角色到职业角色的转换，就要充分认识和认真对待这些矛盾和冲突，只有大胆面对现实，立足岗位努力学习，不断提高和完善自我，才能顺利实现角色的转换。

2. 生理适应

我们既然步入了职场，就已经从一个学生转换成了一个职业人。原来的许多生活习惯就需要改变。在学校的时候，迟到等行为也许不会带来什么严重的后果，但在职场，迟到旷工耽误的是整个团队的业绩，有被开除的可能。如果工作失误，可能造成重大的经济损失。所以为了自己的职业前途，我们需要及时调整生活规律，加强自我管理，遵守职场的规则，快速适应职场生活。

3. 岗位适应

在跨出校门前，我们都对未来充满憧憬，进入职场不能适应新环境，大多与我们事先对新岗位估计不足、不切实际有关。当这些职场新人按照过高的目标接触现实环境时，许多所谓的"现实所迫"会让他们在初入职场时就走了弯路，以至于碰了壁还莫名其妙、不知所措，并且产生失落感，感到处处不如意、事事不顺心。因此我们在踏上工作岗位后，要学会根据现实的环境调整自己的期望值和目标，为自己做一个良好的职业规划，明确职业目标是什么，在职场中自己该扮演什么角色，该怎样去强化自己的职业，并且持续投入钻研，自然就能得到较好的发展。

4. 知识技能适应

初入职场的新人可能有不错的文凭，但遇到具体问题可能什么都不会。因为在学校里比较注重的是学习理论知识，而在职场上更注重的是动手能力和经验的积累。因此，我们要主动投入到再学习中，学习能让我们尽快适应工作的知识技能。职场竞争在加剧，学习不但是一种心态，更应该是我们的一种工作方式。为适应社会发展和实现个体发展的需要，每个职场人都需要培养主动的、不断探索的、自我更新的、学以致用的和优化知识的良好习惯。同事、上级、客户、竞争对手都是老师。谁会学习，谁就会成功，就能使得自己职业岗位的技能更加完善。

5. 人际关系适应

踏入了职场，人际关系会更复杂。刚走上工作岗位的新人最容易犯的毛病是过于高傲，把姿态放低一点，恰当的礼貌往往会赢得好感。无论对领导还是同事，无论喜欢还是讨厌，都要彬彬有礼。同时努力工作，适当表现自己，最大限度地得到老板和同事的认可，赢得职场人缘。总之，在职场生活中，当面对复杂情形或困境时，我们要仔细观察，用心揣摩，注意自己的言谈举止，有意识地提升职场情商，就会明显改善自己在职场中的生存环境，进入良性和快速发展轨道。

（二）职业角色转换

职业角色转换的"五个转变"

1. 从"情感导向"转向"职业导向"

我们进入职场后要按照职业操守行事，即使认为自己非常有能力，也要遵章办事，而不能任由自己的性情待人接物。

2. 从"思维导向"转向"行为导向"

我们要脚踏实地、兢兢业业地工作。很多学生在参加工作之前都很有自己的想法，说起事情来也头头是道，但是到了岗位上却往往眼高手低，说的比做的好。在角色转换过程中一定要切忌这一点，变思想为行动。

3. 从"成长导向"转向"责任导向"

这里主要是指学生角色到职业角色在社会职责上面的转变。我们在学生时期的主要职责和任务是积累知识，而工作后则要开始承担各方面的责任，包括经济上的独立和家庭义务。

4. 从"个体导向"转向"团队导向"

职场最为看重的就是员工的绩效，只有努力工作多多付出，才会得到更多回报。学生大多都有一个明显的特点就是个性化强，团队和集体意识淡薄，有时候更需要的是与他人的配合和团队精神。

5. 从"兴趣导向"转向"责任导向"

这是我们进入社会后非常重要的角色转变。大多数学生比较明显的特点是凭兴趣做事，比较注重自我的感受。进入社会后，作为成年人、职业人、社会人，我们就必须学会承担责任，为家庭、为公司也为社会承担责任。

四、融入工作团队的方法

（一）加强对班组的理解和认识

班组一般分为服务性班组和生产性班组两大类。企业的生产活动都在班组中进行，班组工作的好坏直接关系着企业经营的成败。班组是生产经营活动的基本单位，是最基本的生产单位，也是企业的最基层管理单位，直接面对每一个员工，企业的文化、规章制度和精神风貌最终是要通过班组这种团队贯彻到每个员工。

（二）提升挫折耐受能力

挫折耐受力指个体在遭遇挫折情境时，经得起打击和压力，可以摆脱和排解困境而使自己避免心理与行为问题的能力，这反映了一个人的心理素质水平。学生的独立能力较差，承受挫折的能力比较弱，所以提升挫折耐受能力对于我们非常重要。

（三）提高学习自主性

自主学习能力是工作团队对其成员的基本要求，也是工作团队成员的核心素质体现。在崇尚提高团队创新力、构建创新型团队的社会，自主学习能力是非常重要的。

（四）加强自我管理能力

如今，市场竞争激烈，自我管理能力不仅是企事业单位提高运营效率的有效手段，也是团队成员从业和发展个人能力的基本要求，所以国内众多企事业单位和其他组织机构都把自我管理能力作为对高素质人才的基本素质要求。

五、应对职场不良情绪和行为

工作并非一帆风顺，有些时候我们会承受难以承受的压力，从而出现各种各样的情绪和行为问题，一些极端的情绪和行为问题会损害我们的健康，应该妥善处理。

（一）处理愤怒情绪

愤怒是一种极端不友好、不愉快或恼怒的体验，无法控制好愤怒情绪会损害职业生涯和个人生活，甚至导致攻击行为，因此我们应该觉察和管理好自己的愤怒情绪。

首先，理性看待愤怒情绪，从积极的方面看，愤怒可以是一种令人奋发的力量，只要降低它的负性影响，愤怒可能会使我们成就非凡的业绩。其次，要养成在愤怒还没有升级之前就释放的习惯，不要让愤怒情绪达到我们不能控制的程度。再次，当我们要发怒时，放慢一些，先强迫自己从 1 数到 10，就有可能避免自己的愤怒情绪伤害了同事关系。最后，主动寻求反馈，以了解自己的愤怒造成的后果。

（二）杜绝拖延行为

拖延行为本身并不是十分严重的问题，然而当拖延行为积累成习惯，进而影响到事务进展、人生发展，甚至带来其他负面情绪时，就需要采取有效措施加以克服。

1. 造成拖延的原因

常见造成拖延的因素主要有以下几点。

(1) 不够自信：容易逃避，产生拖延。

(2) 完美主义者：要求太高，过分追求完美。

(3) 内心消极颓废：觉得什么事情都很难。

(4) 内心太胆小：对失败及至成功的恐惧，顾虑太多，执行力弱。

(5) 过度自信：错误估计时间进度。

(6) 缺乏干劲：得过且过，能拖多久是多久。

(7) 外部因素：非个人原因造成的拖延。

2. 如何杜绝拖延行为

要告诉自己，拖延不是病，可以在以下方面进行调整。

(1) 学会善待自己。重新定位自我，学会自我减压，不必求全责备。

(2) 学会"储蓄"时间。当身心疲惫时，不妨停一停，换一下环境，把工作能量储存起来，再回来全力再战。

(3) 自我奖励。每完成一项工作后给自己一个奖励，即使有些工作没有得到及时的回报，或者效果很难确切地看出来，也可以为完成工作而自我奖励一番。

(4) 设定完工期限。为了自我约束，必须定下最后期限，最后期限是一种无形压力，以避免毫无计划的自我放任。

(5) 将时间看作重要资源。时间是你的重要资源，是你的成本，应该更理智、科学地规划和使用时间。

（三）克服和预防自暴自弃

在一些极端的情况下，人们可能出现自暴自弃的行为。克服和预防自暴自弃行为有以下几种广泛应用的策略。

1. 检查"人生剧本"并做出必要的改变

如果发现个体的"人生剧本"中有太多自暴自弃的场景设定时，就应该有意识地改写剧本，并在必要时寻求心理咨询专家的专业支持。

2. 不再把个人问题归罪于他人或命运

个体应该积极地思考和行动，以提高个人的控制力，为自己的问题负责，把命运的控制权交回给自己。

3. 寻求对自己行为的反馈

我们可仔细倾听来自上级、同事、下级、客户以及朋友的任何形式的评价，尽力不要对这些反馈进行防御性的反应。

4. 学会从批评中获益

要学会在批评中进行换位思考，尝试寻找批评中可能的价值，这将使我们从批评中受益。

5. 不要否认问题的存在

否认是一种回避痛苦现实的防御性策略，如果我们否认了问题的存在，自然就不会采用恰当的方式解决问题。

6. 想象自我强化行为

运用想象，为自己制定一套克服自暴自弃行为和想法的措施。想象自己正在进行自我强化，采取合理的行动，拥有正确的想法，当完美的结局即将呈现时，想象自己正在进行高峰体验。

▶▶▶ 说一说：如果你现在离开学校，进入职场，你需要注意哪些方面？假如职场里有很多不尽如人意的地方，你会怎么做？

劳动实践

请按要求完成岗位实习，提前感受职场氛围。

劳动故事

新突破！贵州航空职业技术学院学子在全国赛事上斩获一等奖

高温的环境，嗡嗡的车床工作声此起彼伏，2022 年"中银杯"全国职业院校技能大赛（高职组）复杂部件数控多轴联动加工技术赛项的赛场上，贵州航空职业技术学院学子陆兴斌、刘峻杰正聚精会神地操作机床制作组合加工件，闪着金属光泽的加工件在工作台上慢慢成型。功夫不负有心人，经过七个小时的鏖战，两位学子在高手云集中突破重围，斩获一等奖。

比赛当天，作为配合默契的搭档，陆兴斌和刘峻杰分工明确，一个负责编程、一个负责操作，经过一年多的磨合训练后，他们代表贵州省登上了全国的舞台。

比赛共有来自全国 28 个省（市）52 支代表队的 104 名选手参加，面对众多竞争对手，想拿好成绩并非易事。

宝剑锋从磨砺出，在备战过程中，陆兴斌、刘峻杰在贵州省级大师赵青松、省级技能手刘飞两位指导教师的带领下，每天奋战 10 多个小时，攻坚克难、认真备赛，不断寻求技术技能水平上的突破。

在比赛中，7 个小时的高温环境操作，汗水早已浸透衣衫，陆兴斌和刘峻杰凭借过硬的专业知识，不负众望，拿下了全国赛场复杂部件数控多轴联动加工技术赛项的一等奖。

　　获得荣誉的同时，陆兴斌还不忘把大赛经验带给学弟学妹们，他鼓励大家，在平时的训练和参赛中，要有精益求精的精神，不论是在比赛还是在训练中，都要把每个课题、每个零件做成精品，同时还要结合自身条件，讲究方法，把自己在技能上的不足进行分类，逐个突破，努力实现个人价值，为学校争光。

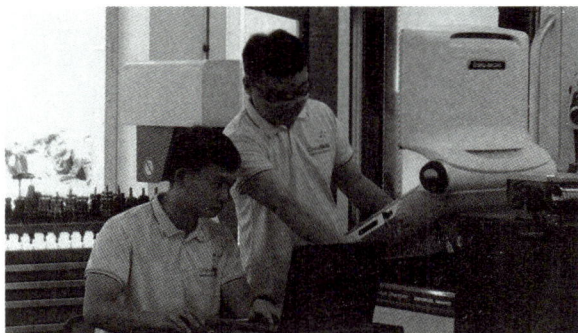

贵州航空职业技术学院学子全国赛事获奖

08

第八章　劳动与全面发展

第一节　劳动与立德树人

一、西方学者关于劳动与道德的观点

（一）古希腊哲学家关于劳动对道德作用的观点

1. 苏格拉底："德性即知识"

(1)"德性即知识"的核心在于对理性、智慧、善的追求。苏格拉底提倡人们过有道德的生活，道德在他的眼中是理性的、是智慧的。在智者时代，道德主张关心人的感受，认为道德源于神赐的政治技艺。虽然已经着重于人的主观感受，但对道德本身并未展开思考，认为德性仅仅是一种可利用的技艺。例如，普罗泰戈拉说政治技艺就是成功地处理私人事务和公共事务的技艺。苏格拉底倡导的道德则是在"正义与敬畏"基础上的理性。苏格拉底通过追问勇敢、节制、智慧等特殊德性与整体德性的关系，表明德性不是一种特殊的技艺。在《拉凯斯篇》中，苏格拉底问拉凯斯，有技艺的人，如马术师、弓箭手、擅长游泳者在经受危险时，是否比没有这些技艺的人更加勇敢呢？拉凯斯给出了否定的回答。苏格拉底最后得出结论，勇敢不是特殊技艺，而是德性的一部分，它与善恶相关。而普罗泰戈拉则认为德性是技艺，是掌握技艺的人所拥有的，是可以教的。比如弓箭手射得一手好箭，他就是拥有特殊技艺的人，通过掌握射箭的技艺就可以拥有德性。苏格拉底认为"德性即知识"，没有否定德性的有用性，而是关注怎样运用德性。寻求德性的道路是追求善的历程，也是追求知识的历程。

(2) 追求幸福要求知识与行动相结合。古希腊智者不对知识进行反思，仅用行动教授人技艺。苏格拉底认为知识是高贵和统领一切的东西，德性的根本是在知识技术上的智慧。只有在理性基础上的智慧才能影响德性的方向，以实现人生的幸福。《欧绪德漠篇》中，苏格拉底认为，每个人都追求幸福，为了追求幸福，我们必须拥有善。而唯一的真正的善就是知识或智慧，一切表面上的善只有当它们为知识所引导时，才是善的。因此，每个人都应当尽可能追求成为有智慧的人。也只有以实际行动追求理性智慧基础上的善，才能获得幸福。苏格拉底认为知识与行动相结合才能达到幸福的目标。

(3) 德性要与传统教育相结合。苏格拉底认为德性可以教授，要与音乐、体育等传统教育相结合。"德性即知识"凸显了德性是可教授的，人需要不断学习才能明辨是非、辨别善恶，学习的途径是德性与教育相结合，尤其是与音乐、体育等相结合。

2. 柏拉图关于劳动与道德的观点

(1) 柏拉图认为正义是衡量德行的标准。他认为正义是心灵的德行，不正义是心灵的邪恶；正义是城邦兴盛的保证，不正义则使城邦堕落。正义是智慧、勇敢、节制三种美德的统一。同时，也正是由于正义这种美德的存在，国家中才会产生智慧、勇敢、节制这三种德性，并使它们得以在国家中保持。柏拉图认为正义能导致和谐，如使每个人只做自己应该做的事而不兼做他人的事；在城邦内只有分工合理才能使人们不兼做他人的事情，这样人与人之间的和谐才能使城邦更加和谐。正义的德行能够使城邦逐渐完美，邪恶的德行导致城邦逐渐衰败。

(2) 劳动为城邦正义服务。柏拉图将城邦的完善与正义的美德相联系，在进行完善城邦的过程中又将正义与社会分工相联系。劳动分工是为城邦完善服务的，劳动分工不是为了贵族或者某一个阶层，是为了在完善城邦的过程中实现全民的幸福。正义的美德取决于是否实现了生产者、护卫者、统治者的正确分工。柏拉图认为在城邦中，护卫者有正义、勇敢的美德，统治者有最高的理性，生产者通过从事生产劳动达到德性；服从于理性的统治时城邦就达到了正义。柏拉图认为城邦具有正义，就需要谈个人正义。生产者没有理性，受欲望支配；护卫者有一定的理性，但会受激情支配；只有统治者是理性的。因此，生产者、护卫者都需要节制的德性来服务城邦。如生产者必须从事生产劳动服务城邦，护卫者必须接受音乐熏陶、体育锻炼以保卫城邦，统治者必须心系城邦的治理，这样才能使个人的德性与城邦的正义相连。简言之，生产者、护卫者、统治者都是要为城邦的正义而付出劳动的，生产者主要负责具体的生产事宜，护卫者主要负责保卫城市，统治者通过治理城市实现城邦正义与个人正义的结合。

(3) 柏拉图式劳动促进城邦正义与个人正义相结合。柏拉图在《理想国》中描绘了一幅完美城邦蓝图，展现了劳动与德性之间的关系。个人正义需要一定的劳动方可实现，如生产者要进行体力的劳动生产，护卫者要进行保护城邦活动的脑力、体力劳动，统治者需要进行更多的脑力劳动以保障城邦的治理。城邦正义正是建立在个人正义基础之上的，只有在个人正义的基础上，一人专注于一项工作，才能够促进城邦和谐、城邦正义的实现。这是完美主义、唯心主义者对劳动和德行关系的思考。

3. 亚里士多德的劳动与道德观

亚里士多德认为人的德性分为两类：一类是理智的德性，另一类是伦理的德性。比如智慧属于理智的德性，谦虚属于伦理的德性。他认为理智德性大多由教导而生成、培养起来，所以需要经验和时间。伦理德性则是由风俗习惯沿袭而来的。

(1) 自给自足促进人的幸福。亚里士多德认为："终极的善应是自满自足，它不是指一个人孤立地生活，因为人的自然属性是社会性的。"这句话蕴含着他对劳动与道德之间关系的认识。首先，他认为按照道德标准生活就是幸福，幸福在于自给自足之中。"自给自足"是人追求幸福的途径，劳动是人类生存的最基本形式，自给自足无法脱离劳动形式而存在。其次，德性分为智慧的德性、行为的德性。智慧的德性需要从学习、教导中感悟，行为的德性需要在实践中探索。无论是智慧的德性，还是行为的德性，都有赖于劳动形式方能实现。比如智慧的德性被亚里士多德认为是理性的德性，通过教育引导的方式，需要深度思考各学科之间的关系及给人带来的幸福，这种形式就是脑力劳动的一种。最后，亚里士多德所说的"自给自足"体现出的自给性，不仅包括脑力劳动、体力劳动，还包括简单劳动、复杂劳动。自给性可以是复杂的脑力劳动，也可以是简单的体力劳动，实现个体的自给自足才是通往幸福的最佳途径。

(2) 辛勤劳动与德性。亚里士多德认为幸福与德性是不一样的。德性是理性的，一个人无论是否幸福，通过教导，都可以拥有良好的品德。幸福则是通过劳动自身实现的，实现的方式是自给自足。幸福是合乎德性的严肃劳动，幸福才是人生的终极目标。

幸福本身就是目的，是合乎德性的。要达到幸福生活的目的，离不开辛勤的劳动。只有严肃的劳动、辛勤的劳动才能带人走上幸福之路。那些把辛苦工作说成是无效劳动的，在亚里士多德看来是无稽之谈。从这个角度来说，辛勤劳动才是幸福的本质。人通过辛勤的劳动，自给自足，才能过上符合德性的生活，也就能实现人生幸福的目的。亚里士多德认为，无论是哪个阶级的人，越是勤劳，品德越高尚；品德越高尚，越能体会到最大的幸福。这里所说的勤劳不仅包括体力劳动，也包括脑力劳动。

(3) 脑力劳动与德性。亚里士多德认为，幸福亦是思辨的。人因自己具有思辨能力而幸福。凡是思辨所及之处就有幸福。思辨活动越多的人，他们所享有的幸福也就越大，幸福不是出于偶然而是基于思辨。亚里士多德认为理性是人的最佳状态，命运总是青睐那些理性的人。智慧的人总是理性的，也是勤劳的，也容易达到幸福的终点站。亚里士多德认为幸福的人总是智慧的，智慧的人总是幸福的。

（二）西方近代学者关于劳动与立德树人的观点

1. 达尔文：适者生存与道德本性

"适者生存"是达尔文关于劳动与人类道德本性的核心论点。1859 年达尔文《物种起源》的出版震动了整个学术界，对西方的影响不亚于 16 世纪葡萄牙人麦哲伦环球航行证实地球是圆的这一事件。达尔文认为自然界最激烈的斗争差不多总是发生在同种的个体之间，因为它们居住在同一地，受到了自然选择的保留。他认为"同种"的个体是自然选择的结果，因集体利益聚集在一起，却发生了最激烈的斗争，这与人的道德认识相关。他的另一部著作《人类的起源》(1871) 论及人的道德本性进化，认为社会本能是作为"自然选择辅以遗传习惯"的一种结果演化而来的。人将道德看作一种利他行为，认为"同种"个体之间有亲情存在，以强化人类的道德感。因此，生物在进化的过程中增强"同种"个体之间的道德感，为"同种"提供更大生存的机会，而生存下去就需要以劳动为形式获取生存的基础。

2. 苏霍姆林斯基：手脑并用

苏霍姆林斯基关于劳动与立德树人的观点主要集中在手脑结合的教育思想中。在苏霍姆林斯基看来，脱离劳动，没有劳动，就没有也不可能有教育，劳动是渗透一切、贯通一切的东西。因此，他强调应坚持对学生进行劳动教育。真正的劳动是手脑并用的劳动，是体力和智慧并用的劳动，是创造性的劳动。只有通过流汗水、长老茧和感到身心疲乏的劳动，才能够用心灵去认识周围的世界。健康、精神饱满和体力充沛，这是乐观向上地感知世界、克服困难的最重要条件。他认为劳动态度、劳动习惯等方面的培养促进了青少年道德行为和习惯的养成。

3. 杜威：从做中学

杜威关于劳动与立德树人的观点主要体现在其实用主义教育思想中。从教育目的来看，他提出"教育无目的"的观点，即教育过程就是教育的目的；从教育的本质来看，他提出"教育即生长""教育即生活""教育即经验继续不断的改造"；从教育的基本原则来看，他提出"学校即社会"；从教学角度来看，他提出教学理论的基本原则为"从做中学"。他认为在一个真正民主的教育系统和一个真正民主的社会中，劳动的历史、劳动的意义、劳动的可能性应是整个教育计划的一部分。他强调教学要以儿童、活动、经验为中心，儿童在活动中的基本体验方式就是劳动，即个体在日常活动实践中形成道德习惯，经过反思道德习惯形成道德价值观。

综上所述，西方学者关于劳动在德性中的体现的观点，主要包括：第一，为政治服务。为了便于统治，劳动在德性中的具体体现成为禁锢人思想、约束人行为的工具。如柏拉图认为由于正义这种美德的存在，国家中才会产生智慧、勇敢、节制这三种德性，并使它们得以在国家中保持。第二，功利性目的显著。苏格拉底认为德性是可以教授的；柏拉图认为正义的德行使城邦更加完善；达尔文认为在适者生存过程中，道德是一种利他行为，以劳动为方式的生存需要将"同种"团结起来等。第三，劳动是达到幸福的最基本方式。亚里士多德认为幸福的人是智慧的，智慧的人是勤劳的。客观地看待西方学者有关劳动在德性中体现的观点，批判地继承其精华，对我国新时代社会主义劳动教育具有借鉴意义。

二、中国古代劳动与道德的观点

在中国古代，从四大发明到万里长城的修建，从农业技术进步到手工业技术发展，无一不体现出劳动人民的智慧与朴实的道德观念。道德教育体现在中国古代各教育名家思想中，劳动则是促进道德教育的重要方式。古代社会对部落首领、君王"德"的要求甚高，德高望重的人才堪当大任。作为部落首领或一国之君，其基本责任就是让民众过上幸福安稳的好日子。西周发现的铜器铭文中，多处提及"德"，但并未具体的记载劳动与德的修养之间的关系，直到春秋战国时期，政治家、教育家关于道德修养与劳动实践之间关系的辩论才逐渐多了起来。

（一）奴隶制社会：劳动与道德修养关系的体现

在奴隶制社会，劳动与道德修养的关系主要体现在君王和贵族阶级的以德为政思想上。劳动是奴隶的本职工作，谈不上道德修养。

1. 以德为政，引导劳动实践

《尚书·无逸》曰："爰知小人之依，能保惠于庶民，弗敢侮鳏寡……徽柔懿恭，怀保小民，惠鲜鳏寡。"商朝有名的贤君祖甲在位之时，商朝中兴，国泰民安。祖甲作为君王，治理国家，以德服人，理解百姓疾苦并施以恩惠，尤其对鳏夫、寡妇等弱势群体多加照拂，深得民心，促进了商朝中兴。而帝辛失德，恰周文王仁德谦恭，施德鳏寡，得民心，导致了殷衰周兴。可见在奴隶制社会，对统治者"德"的要求就已经很高了，统治者践行"德"政也正是民心所向。

《论语》中《学而》《为政》涉及的道德与劳动观点主要从管理者引导的角度论述。如《学而》曰："道千乘之国，敬事而信，节用而爱人，使民以时。"这充分说明了作为一国之君，要管理偌大的国家，不仅要有严谨的工作态度，还要诚实守信；不仅要树立勤俭节约的榜样，还要爱护体恤老百姓；不仅要做好各项管理工作，还要引导老百姓勤劳工作以致富。《为政》开篇曰："为政以德，譬如北辰，居其所而众星共之。"这句话充分体现了孔子"以政为德"的思想。君王或统治者要从自身做起，施行德政，群臣百姓就会信服。实际上就是强调加强君王自身道德修养对政治、生活的决定作用，反映了当时的脑力劳动、体力劳动都以"德"为引导。

2. 教育是传播德育及实践的主要形式

我国早在夏代便设"校"，商代设"序"，周代设"庠"，专门教授伦理道德。《孟子·滕文公上》记载滕文公问孟子如何治国，在教育子民问题上，孟子曰："设为庠序学校以教之。庠者，养也；校者，教也；序者，射也。夏曰校，殷曰序，周曰庠；学则三代共之，皆所以明人伦也。人伦明于上，小民亲于下。有王者起，必来取法，是为王者师也。"孟子认为，社会分工不同，为社会服务的方式也不同，如读书人服务社会主要依靠的是传播仁德，木匠、车匠服务社会主要是靠体力劳动，无论是哪种劳动都是为政治服务的。

（二）封建社会：劳动与道德关系的体现

封建社会形态的主要特征是专制主义的中央集权政权体制。专制主义体现了"以君为纲"的君臣关系；中央集权体现了中央和地方的关系。专制主义的中央集权制的主要特征是封建等级，维护这种封建等级关系方可巩固中央集权。因此，封建等级关系也成为封建社会道德的基本原则。封建社会劳动与道德关系主要体现在阶级性、服从性上。

1. 劳动是实现道德的基本手段

劳动作为落实德性的基本手段，调整着封建社会阶级关系，维护着社会秩序稳定。在封建社会，无论对于哪个阶级，劳动都是较低阶级面对较高阶级时体现其人伦关系的基本方式。"三纲五常"是封建社会的道德原则，劳动是调整等级关系的手段。

2. 劳动与道德的阶级性、政治性

封建社会的劳动被作为道德的一项指标，也体现在阶级性上。例如，统治者与被统治者、地主与农民的关系。在封建社会，皇帝被视为"九五之尊"，文官通过脑力劳动为皇帝服务，士兵主要通过体力劳动为皇帝服务。这些劳动具有明显的政治性。像西汉的御史大夫、丞相、太尉称为"三公"，是西汉最高官员。御史大夫与丞相掌管行政、太尉掌管军事，职责不同，但都为皇帝服务。倘若"三公"恪尽职守，为皇帝分忧、为百姓解难，则被视为有德之人，反之，则为佞臣。

三、中国近现代学者关于劳动与立德树人的观点

（一）蔡元培：教育劳动化

蔡元培关于劳动与立德树人的观点集中体现在教育劳动化思想中。他针对劳心者与劳力者对立的问题，提出"教育劳动化"的办学思想。他说："欲救其弊，在使劳心者亦出其力，以分工、农之苦；于是劳力者得减少其工作之时间，而亦有劳心之机会。"他认为教育劳动化有利于打破劳动阶级与智识阶级之界限。一方面，在"五育并举"教育方针指导下，教育劳动化要以德育为基础，充分发挥劳动化教育的树人功能。"为父母者……教育其子女，有二因焉：一则使之壮而自立，无坠其先业；一则使之贤而有才，效用于国家。前者为寻常父母之本务，后者则对于国家之本务也。诚使教子女者，能使其体魄足以堪劳苦、勤职业，其知识足以判事理，其技能足以资生活，其德行足以为国家之良民，则非特善为其子女，而且对于国家，亦无歉于义务矣。"这体现了他关于家庭中教育劳动化与个体道德品质发展的关系的观点。另一方面，教育劳动化要求将德育的涵养融入实利教育。"实利教育没有德育的涵养，那么，国家必将陷入为了私利而相互械斗的困境。""实利教育"摒弃当时"重文轻实"的教育传统观念，在"教育劳动化"思想的指导下，积极践行"实利教育"，并要求德育的涵养也融入其中，以劳动为基本方式引导道德品质的塑造。

（二）陶行知：教育生活化

陶行知关于劳动在立德树人中的观点主要体现在生活教育思想中。生活教育思想集中体现在"生活即教育""社会即学校""教学做合一"等方面。生活教育思想体现了他关于教育生活化的理念。他认为，生活教育要以社会生活背景作为儿童的生长背景；生活教育要尊重社会生活中的每一分子，尤其是劳动人民。社会是复杂的学校，教学要走出去，向劳动人民学习。陶行知将每位劳动者都当作老师，虚心地向社会这个"学校堂"的每一位老师学习，如钟表匠、木匠等。陶行知认为一个人生活需要的基本能力，应该是学校教学

内容的最基本构成。陶行知曾经将坏了的钟表送到钟表匠师傅那里去修理。在修表人提出维修价格时，他也同样提出一个条件，在拆开的时候，要带领学生来看着拆。在征得钟表匠的同意后，第二天下午，他带了四五个人去参观学习钟表匠如何修表。一堂特殊的由专业工匠进行的"钟表维修"课结束后，他还向钟表匠咨询修表的工具和药水购买场所，以便回家后将"维修表的参观"转化为"维修表的实践"。在生活化教育的过程中，陶行知表现出对普通劳动人民劳动技能的尊重，将向劳动人民学习的热情转化为朴实的品质，感染着生活中的每个人。

（三）黄炎培：劳动生产促进职业道德教育

黄炎培劳动教育观念主要集中于职业道德教育思想中。针对轻视劳动生产、蔑视职业教育的传统，他提出要高度重视职业道德教育。首先，职业教育的目的要求劳动生产促进个人品质的塑造（职业教育三大目的：为个人谋生之预备、为个人服务社会之预备、为世界增进生产能力之预备）。其次，职业教育的本质要联系个体人生观的培养。他认为，人要生存，就需要发展。要发展就需要获得"谋个人生存"的基本知识与技能。劳动生产是个体获得基本知识和技能的最主要手段。劳动生产在提高个体生活能力的同时，也要促成个体道德精神发展。再次，以"敬业乐群"为原则促进个体职业道德品质发展。黄炎培认为，谋生与做人，二者皆不可缺。"做人"主要体现在个体道德品质中，以"敬业乐群"为原则可促进个体职业道德品质的培养。"敬业"强调培养学生的职业情感、职业兴趣。职业情感提升学生的职业共情力，职业兴趣促进培养学生的事业心与责任心。"乐群"强调培养学生服务社会、合作互助的精神。他认为学生对自己职业的共情力、责任感、创造力需要通过劳动生产来形成，劳动生产在培养学生职业共情力、责任感、创造力的同时促进个体职业道德品质的塑造。

四、中国特色社会主义劳动与立德树人的关系

（一）劳动是立德树人的基本方式

马克思、恩格斯注重将教育与社会劳动相结合，认为劳动教育应该在劳动生产中进行。在劳动生产中进行教育，从一个生产部门到另一个生产部门的轮流学习，使年轻人很快就能熟悉整个生产体系。因此，劳动教育帮助学生摆脱现代分工所造成的片面性，这样才有利于发挥年轻人的全面才能。中华人民共和国成立前，毛泽东同志便高度重视教育与劳动生产相结合。1920年夏至1922年冬，在担任湖南第一师范附属小学主事期间，附小便成了他实行学习教育与劳动相结合的一块教育基地。他认为，办好学校取决于好的教职员，在调整附小教职员工作期间，"才德"成为甄选教职员的标准。毛泽东同志在宣传新思想、新道德方面，既注重学生应尊重劳动人民的劳动观念教育，又号召学生要积极参加生产劳动等劳动实践。当时，附小喂养20多头猪，自己种菜，以班为单位，每星期轮流做一次4个小时的劳动。根据学生年龄的大小，任务难度有所不同。对于贫穷的学生，在帮助其

养成劳动习惯的同时也减轻其家里的经济负担；对于家庭富裕的学生，帮助其树立正确的劳动价值观念，养成良好的劳动习惯。

（二）立德树人以劳动教育为载体

2012 年，党的十八大报告中指出："把立德树人作为教育的根本任务。"落实立德树人的根本任务要以教育为载体，主要体现在"五育"中的渗透程度上。体现在劳动教育中，要加深立德树人在劳动教育中的渗透程度，要以劳动教育为载体落实立德树人的根本任务。高等学校作为育人的基地，承担着向国家建设发展输送人才的重要任务，劳动教育是学生成人成才的基础，更关系到学校立德树人根本任务的实现、国家的发展和民族的未来。

教师应以身作则，树立楷模形象。劳动教育亦然，在引导正确劳动意识，形成正面劳动情感，坚定劳动意志力，进行劳动体验的整个劳动教育的过程中，教师至关重要。"其身正，不令则行"就是这个道理。

（三）劳动教育促进思想政治教育实践探索

劳动教育是立德树人的基本要求，也是个人在成长成才中服务国家经济社会发展的必要因素。学生通过生活化的劳动体验、辛勤劳动，反思劳动、劳动教育、思想政治教育对于个体发展、人与自然关系、人与社会的关系等，形成积极向上的劳动观；通过劳动挫折、劳动艰辛等磨练劳动意志；通过塑造劳动态度与情感促进爱岗敬业等优良品质的养成。

新时代劳动教育在探索与思想政治教育相融合过程中，拓宽了学校思想政治教育的实施路径。从教育内容来看，将劳动教育融入思想政治教育全过程，有利于全方位、全过程培养人才。从教育形式来看，将劳动教育融入思想政治教育，可拓宽学生自我管理、自我教育的方式和途径。从教育过程来看，以劳动实践为基本形式的教育，无论是劳动教育还是思想政治教育，都体现了教育生活化的特性。

▌▶ **查一查**：立德树人的概念是什么？

劳动实践

请同学们回忆以前的劳动经历以及接受的劳动教育，写下你现在的劳动观吧。

第二节　劳动与增长才智

一、劳动实践是促进智力发展的手段

劳动在民间被称为"干活"，大众因眼前的"活计"体会到艰辛与不易，也就忽略了"干

活"的其他功能，如教育功能、促进智力发展功能。脱离劳动实践的教育是片面的，培养出的人才也非全面的人才。人工智能技术、区块链、生物科技、纳米技术等科学技术的迅猛发展，使人类文明即将开启新篇章。人才培养需要结合生产实践、劳动实践，方可促进知识学习，从而促进智力发展。

（一）后天智力发展源于生活实践

个体智力发展主要受先天遗传、后天影响两个主要因素影响。从生理学角度来看待智力发展，先天遗传是个体智力发展的基础，生活实践有助于其智力的全面发展。

脱离了生活实践的智力发展是片面的。苏霍姆林斯认为，学校生活的智力财富的多少，绝大部分取决于智力生活与体力劳动密切结合程度。

（二）在做中学

劳动实践促进知识的理解。杜威将教学的过程看作"做的过程"，他认为"做"事是人类生活的主要本能之一。学校教育强调对"做"的理解来促进个体的智力发展。在实践活动中，人们根据真实遇到的问题情境，提出解决问题的假设，再回到实践中检验假设，在做这项活动的过程中找到了解决问题的方法。

劳动实践促进知识的升华。陶行知受杜威"教育即生活"思想的影响并提出"生活即教育"。陶行知认为："生活教育是生活所原有。"教育的根本意义即生活的变化，然而生活无处不变、无时不变，也就是说生活处处皆教育。"教育即生活""生活即教育"都着重强调教育与生活之间的联系，直戳传统学校教育与社会实践脱节的现实。从这个角度来说，劳动实践在促进知识理解的同时，也促进了个体对知识的抽象，促进了知识的进一步升华。

知识理解程度与个体知识升华程度、个体智力发展密切相关，前提就是劳动实践。知识理解程度是个体在劳动实践过程中、学习过程中对知识的理解度。个体知识升华程度是在个体对知识理解度的基础上，个体对所理解知识的抽象度。劳动实践过程促进个体知识理解程度升高、个体知识升华程度变高，能够更大限度地促进个体智力发展。劳动实践过程中个体知识理解程度低、个体知识升华程度低，则不利于在该劳动实践过程促进个体智力的发展。

（三）在做中创造

劳动具有创造性，人们在劳动实践中创造物质与精神财富。人类创造、改变世界的最基本方式是劳动，劳动实践可以促进人智力等方面的发展，从而使人获得精神上的享受。苏霍姆林斯基认为，劳动可以激发个体的天资，也可以使人获得精神的满足感。

二、智力发展在劳动实践中检验

（一）在实践中感悟知识

知识分为直接习得的知识和通过其他人的经验习得的知识。在智力发展的过程中，教育行政管理部门、各级各类学校、家庭和社会等往往倾向于关注直接通过学习他人的经验来提高自己的智力水平。实际上，在知识学习的过程中，最基本的知识是个体直接习得的，如刚出生的婴儿的知识学习始于嘴巴的感知，再到其他感觉器官的认知；幼儿的知识学习从认知身边的人、事与物开始，进而发展到与身边人、事与物相关的人、事与物；少年的知识学习从身边的人待人接物、其他人的待人接物等方面开始，再到学校的知识学习；青年的知识学习应该在少年知识学习的基础上，站在巨人的肩膀上，以对知识进行升华，从而实现智力的发展。

（二）知识要到实践中检验

人对知识的学习，需要将知识放置于实践中检验才能有效地将其内化为个体知识。在家庭中，教 4 岁的幼童扣扣子，将扣扣子的方法告诉幼童，再为幼童示范扣扣子的实践，幼童反复练习理解扣扣子的内容与方法，形成自动化的扣扣子技能。在学校中，教 8 岁的少年古诗《锄禾》，先让少年了解何为种地、粮食的由来，他们才能理解节约粮食的意义。再让少年体验种粮食的艰辛，操作种粮食的步骤，体会收获粮食的喜悦，他们才能深入理解《锄禾》一诗。因此，当习得知识、领悟知识、升华知识的同时，需要将该知识放置于劳动实践中去检验，方可将其内化为个体的知识。

实践是检验真理的唯一标准，实践也是促进智力发展的重要方式。马克思认为：人的思维是否有客观的真理性，这并不是一个理论的问题，而是一个实践的问题。人应该在实践中证明自己思维的真理性，即自己思维的现实性和力量。真理只有一个，而究竟谁发现了真理，不依靠主观的夸夸其谈，而依靠客观的实践。只有千百万人民的革命实践才是检验真理的尺度。个体智力发展离不开知识的学习，离不开对知识的检验。因此，实践是促进个体智力发展的最基本的方式，也是检验个体智力发展的最佳途径。

（三）劳动内化个体知识促进智力发展

劳动实践是习得知识的最基本方式，劳动实践是检验知识的最基本方式。人们通过劳动实践习得知识，再回到劳动实践中检验知识，再内化为个体知识，从而促进个体智力发展。需要注意以下两方面的内容。第一，知识的学习必须是全面的。在劳动实践中接受检验的知识是非全面的知识，会影响劳动实践检验知识的效果，从而使学生难以深入并全面地理解知识。第二，知识的学习要生活化。杜威的"教育即生活"、陶行知的"生活即教育"都指出了教育的生活性。同理，在知识学习与理解的过程中，具有生活性的知识习得是最令人难忘的。

劳动实践

分组就"艰苦奋斗需不需要加班"进行一场辩论赛。

第三节　劳动与强健体魄

一、劳动孕育了体育

（一）体育在劳动过程中诞生

在人类文明的早期，人类要通过狩猎、采集、捕鱼等获取赖以生存的食物，就必须有与野兽相搏的能力以获取猎物，就必须掌握攀爬技能以能爬上高高的树枝或悬崖峭壁，就必须拥有在水中捕鱼的技巧与能力。因此，在获取食物的这条路上，人们练就了跑、跳、搏击、追击、逃生、攀爬等技能，这也因此促进了个体的体魄发展，体育应运而生。

体育发展伴随人类文明发展而产生，源自劳动生产过程。最早关于体育起源的学说是"模仿起源说"，该学说认为体育是源于儿童模仿成人打猎、捕鱼、做家务、战斗等活动而进行的娱乐活动。后来出现了"生理起源说"，主要认为人类精力旺盛，过剩的精力应用于体育娱乐活动。"劳动起源说"认为体育起源于劳动。劳动创造了人，从体育的最初动力和主要源头来看，体育应该起源于劳动。

（二）专业化是促进个体强健体魄的主要方式和特征

体育运动提倡的就是在运动中寻求人的尊严，发展人的身体、力量、意志、个性，鼓励发展人的勇敢与冒险等品质，使人全面发展。如古希腊几乎所有城邦都拥有自己的竞技场。竞技场是城邦公共生活的中心，主要功能包括：为体育运动比赛提供场所，为青年人提供接受教育的场地，为城邦公民进行集会和讨论公共事务提供场所。在雅典，青年在16岁以前要进入体育学校，接受专业的体育训练，学习内容以赛跑、掷铁饼、投标枪、角力、跳跃五项运动为主。体育训练的目的在于强健青少年的体魄。

体育教育通过专业化不断促进个体体魄发展。原始社会的采集、狩猎等基本劳动技能是为了生存，处于"手把手"相传技能的阶段，并未将运动专业化。我国早在夏商周，就已经意识到体育竞技专业化训练在促进个体体魄发展中的重要性，如射、御、角力、拳击、奔跑、跳跃、武术等在当时社会相当盛行，学习者主要是奴隶主贵族子弟，并有专门的场所进行专业化的训练。商代的序也是从事专业化体育训练的场所。序，主要是学"射"的专门场所。唐朝有武举制，参加武举考试前需要进行专业化的训练，专业化训练主要根据武举考试内容而定。唐朝武举考试的内容有射箭、马枪、举重、身材、言语等，主要包括实用技能、身体素质、文化水平等方面的要求。

当代学校体育教育更是以专业化为特征促进个体体魄发展。以学校为阵地的体育教育的专业化主要涉及体育教育内容专业化、教师队伍专业化、体育教育管理的专业化等。体育内容专业化通过体育内容创新来促进体育教学专业化改革；教师队伍专业化主要通过教师专业水平、学历水平、科研能力等方面促进体育教育专业化改革；体育教育管理专业化促进教师队伍专业化改革、体育教育内容专业化改革。

（三）劳动是体育教育的生活化形态

体育源于劳动，劳动也是体育教育的生活化形态。专业化是体育教育发展个体体魄的最主要特征，劳动则是体育教育最简单、直接的生活化形态。劳动教育要融入各个方面，要从人类赖以生存的最基本方式——劳动着手。以往的劳动教育局限于狭义的学校劳动教育，专业化的体育训练能够锻炼个体的体魄，却忽略了以劳动为最基本方式的生活形态的影响。

体育锻炼最基本的方式是劳动。在原始社会，人类通过采集、狩猎等方式获取食物得以生存。同样地，在获取食物过程中，攀爬、与野兽斗争的技能也促进了身体素质发展，为拥有强健的体魄打下坚实的根基。奴隶制社会中开始有了专门的场所进行技能训练，如掌握射的技能，到猎场进行狩猎，为检验技能提供了实践机会，以达到增强体魄和娱乐的目的。封建社会中，尤其是唐朝设专门的武举，根据武举考试内容而进行专门的训练，增强个体体魄，以保家卫国。当下学校体育教育除了专业化的体育训练外，还包括了最基本的有关生活劳动的督促，以促进个体全面发展。

二、劳动在体育教育中的作用

（一）劳动促进个体身体健康

合理的劳动可以促进个体身体健康。学生合理的劳动主要是指其作为社会的一分子，无论作为何种角色，都应该积极践行该角色生存所需的基本劳动。第一，作为学生，在学校环境中，要将个人发展与学校发展相联系，将个人生活与学校生活相联系，如宿舍作为学校公共生活环境，要通过每位室友的共同劳动来保持宿舍整洁、卫生，这不仅降低了学生的患病概率，也通过劳动换来整洁的生活环境，更在该过程中促进良好室友关系的形成。第二，作为子女，在家中要开展正常生活所需的基本劳动，将个体发展与家庭发展相联系，如整理家务、烹饪等方面的践行。第三，作为社会的一分子，要将个体发展与社会发展相联系，如积极参与志愿者活动，培养社会责任感等。

（二）劳动促进体育教育生活化

脱离生活化的体育教育容易陷入纯专业化误区。学生通过明确社会系统角色认知，在学生、子女、社会一分子等不同角色中，需要践行相应的基本劳动，方可促进个体全面发展。对于广义的体育教育来说，劳动促进了体育教育生活化。体育教育是一种教育影响，是一种对体育观念、体育意志力、体育精神、体育情感等方面的影响。体育教育专业化可助力体育教育，但是脱离生活的体育教育显然是断层的。这种断层主要是体育教育与生活的脱离，体育教育影响与生活实践的脱离。

体育教育与生活的脱离不利于体育教育影响的实施。体育教育是通过身体活动，增强体质，传授锻炼身体的知识、技能、技术，培养道德和意志品质的有目的、有计划的教育过程。它既包含了教育属性，又包括了社会属性。因此，体育教育影响受社会政治、经济、文化等方面的制约，又促进政治、经济、文化等方面的发展。体育教育影响离不开对个体生产、生活等方面的影响。劳动是生产、生活的最基本形式，脱离了生存、生活的最基本方式，不利于体育教育促进个体身心全面发展。

三、劳动生活化、体育教育专业化促进个体体魄发展

（一）劳动生活化有利于个体体魄发展

1. 劳动生活化的含义

劳动生活化主要指在个体发展过程中，促进个体身体健康发展的生活中的劳动，主要涉及个体发展的自力更生的能力。如家务能力是学生是否能够独立地、连续性地完成家务的能力。在高等学校中，不乏妆容精致而寝室卫生不合格的小姑娘；不乏外表体面而生活邋遢的小伙子。劳动生活化旨在承认、尊重劳动是生活中重要的活动方式，同时以劳动为载体使生活更充实。

2. 劳动生活化与身体健康

世界卫生组织提出，健康不仅是躯体没有疾病，还要心理健康、社会适应良好和有道德。强健体魄的显性指标为身体健康，隐性指标为心理健康、社会适应良好、有合理的道德观。劳动生活化促进身心愉悦。某园艺学院的暑期社会实践中，学生通过劳动实践来体验生活、帮助他人。暑期实践小队通过队员义务劳动采摘本班基地的蔬菜，并组织进行义卖，将所得用来购买西瓜和饮料送给学校附近的环卫工人，在整个环节中全靠队员们的辛勤劳动达成目标。在劳动实践过程中体验丰收的快乐，在劳动实践过程中学习专业知识，在劳动实践过程中助人为乐。

（二）体育教育专业化促进个体体魄发展

要达到促进个体体魄发展的目的，劳动生活化、体育教育专业化互补效果显著。生活化的主场是劳动，专业化的主场是体育训练与锻炼。专业化可通过学校体育教育、社会健身机构等来实现，专业化的体育锻炼可以增强体魄。

学校体育教育主要是指学生以身体练习或锻炼为主要手段，以提高身体素质、增强健康意识、提升体育素养、促进身心发展为目标的教育过程。学校体育教育专业化改革过程中遇到的困难主要有：学生的体育锻炼意识匮乏，体育锻炼情感难以持续，锻炼意志力差，锻炼行动力差，等等。学生体育锻炼意识匮乏主要体现在对身体锻炼优势认知的缺乏上，没有充分认识到锻炼身体对个体发展的重要性。学生锻炼情感难以持续主要体现在缺乏对体育锻炼的兴趣上，时常表现出对身体锻炼淡漠。

体育教育专业化，可修正学生对体育锻炼的认知，激发学生对体育锻炼的兴趣，磨练其意志，锤炼其行动，从而达到自觉、主动发展体魄的目的。

▌▶ **走一走**：以班为单位，一起重走校园，感受入校以来的校园时光，路线自拟（可包含寝室、食堂、教室、实训场地等）。

第四节　劳动与美的创造

美育是培养学生认知美、发现美、体验美、创造美的能力的教育，也称审美教育，与全面发展其他"各育"之间相融互补。席勒在《美育书简》中认为："从感觉的受动状态到思维和意志的能动状态的转变，只有通过审美自由的中间状态才能完成……总之，要使感性的人成为理性的人，除了首先使人民成为审美的人，没有其他途径。"席勒认为审美是感性向理性过渡的最佳途径，通过审美，人才能实现真正的自由。美是抽象的，没有统一的标准来划分美与丑。如自然之美鬼斧神工，时而见"飞流直下三千尺，疑是银河落九天"之气势磅礴的瀑布美，时而见"落霞与孤鹜齐飞，秋水共长天一色"的黄昏时分江水之美。美或丑取决于个体的心境与所处环境，若翻山越岭、饥肠辘辘尚未到达目的地，美丽的瀑布、黄昏的落霞会因瀑布的噪声、逐渐暗去的天色而黯然失色。认知美、发现美、体验美、创造美需要以美育为平台，以劳动为最基本形式开展。

一、劳动实践引导正确的审美观

（一）在劳动中认知美

劳动体现在认知美的过程，通过在劳动创造过程中享受美、在劳动过程中认知美实现。

(1) 在劳动创造过程中享受美。学生通过掌握基本劳动技能、进行劳动实践建立起劳动审美关系，并享受其中。马克思认为："审美认识与审美活动依赖人类社会而存在，生产劳动是认知美的基本方式。"如狩猎者以动物装饰为美；农耕者以自然界可利用之器为装饰物。狩猎者的衣食源自猎物；农耕者则通过利用木头、石头等制成工具，通过开垦荒地，以种植为生。

(2) 在劳动过程中认知美。苏霍姆林斯基认为："一个人进行积极活动的精力和可能性越大，他对美的态度在形成其道德面貌方面所起的作用就越加有力。"这体现了苏霍姆林斯基关于个体在劳动过程中的主动意愿与个体对待美的态度是呈正相关的，符合"劳动认知美"的观点。

(3) "辛勤劳动"属于美。辛勤劳动是中华民族的优良传统，通过辛勤劳动，中华民族不断创造新的文明成果，引领新的潮流。"复兴号"使人们出行更加快捷；"支付宝"正逐步辐射全球，改变传统的支付方式；我国第一艘国产航空母舰代表了中国技术正迈向世界水平，凝聚了华夏匠人辛勤劳动的智慧与精神。这些汇集华夏民族智慧与精神的科技产品的创造，就是基于辛勤劳动的传统美德。

（二）在劳动中形成审美观

人往往积极去寻找美、感受美、体验美，这是对客观存在审美对象的认知。这种因感知审美对象所引起的积极性、愉悦感，存在于社会生产实践活动过程中。因此，全面地认知美，要积极进行社会劳动，去探寻、感受、体验美。

(1)"积极性"是在劳动中全面认知美的主要特征。在人类发展历程中，个体在认知美的过程中是积极的。古希腊人注重身心协调发展，教学内容涵盖了德、智、体、美四个方面。这与雅典自然条件、社会关系密切相关，一个城邦要想在众多城邦中立足，需要有实力与其他城邦抗衡，以免沦陷。只有公民身心协调发展，方可立足。雅典人的身心和谐发展主要通过美育来完成。通过体操训练，来培养其优美的举止和体态。追求美的体态、审美的情感的过程，诠释了美是来自劳动实践的。其以劳动实践为形式，通过美育达到促进公民身心协调发展的目的。

(2)"共识美"通过社会肯定引导人树立正确的审美观念。在社会实践中，个体劳动的结果与成果得到社会肯定，形成"共识美"，从而引导人树立正确的审美观念。原始社会中，人类为了生存与自然相搏，掌握狩猎、采集等基本技能方可生存，处于该环境中，人类的"共识美"即狩猎能力、采集能力强。封建社会有了另一套社会生存法则，"仁、义、礼、智、信"为"共识美"。不同历史阶段的"共识美"都体现在人类在社会实践过程中改造自然、改变社会的美的观念的引导上。在我国当前，社会主要矛盾已经转化为人民日益增长的美好生活需要和不平衡不充分的发展之间的矛盾，确立正确的"共识美"以帮助学生树立正确的审美观至关重要。

二、劳动过程促进审美能力培养

（一）劳动是发现美、体验美的基本途径

个体发现美、体验美取决于后天的劳动生产。"杂交水稻之父"袁隆平曾说："在田里，人的身体上半截被太阳晒着，很热。腿在田里冷水中泡着，很凉。但我们每天都要拿着放大镜，一垄垄、一行行、一穗穗，在成千上万株稻穗里寻找水稻雄性不育株，那真的是大海捞针。"就是在这样的艰苦劳动中，在精益求精的科研精神支撑下，袁隆平追寻"禾下乘凉梦"这一基本目标。袁隆平在劳动过程中进行科研创新，体验别样的种禾之美。

生活实践是发现美、体验美的基本途径。生活实践为发现美提供素材，为体验美提供机会。所谓"少年不识愁滋味"反映的就是生活实践的重要性。愁这种体验最初体现在生活所需的柴米油盐酱醋茶中，监护人代替少年承担了诸多的基本生活体验，因此很多人年少时没有这种因"柴米油盐"而"愁"的感受；一旦自力更生，有一定的生活经历，方可

体会。体验美也如此，需要从生活实践中体验。英国小说家毛姆的《月亮与六便士》以法国画家保罗·高更的生平为素材，描述了主人公思特里克兰德贫穷且被病魔纠缠的一生，他用画笔谱写出仅属于自己的生命，把生命的价值全部注入绚烂的画布。虽然男主人公在处理家庭矛盾中的行为令人深恶痛绝，但他对创造艺术美的执着与追求令人尊敬。生活实践带给人们的美的冲击力最为形象，也最为深刻，正是这种形象性、深刻性促进了人们审美能力的提高。

（二）审美能力增强劳动过程的幸福感

审美能力的提升丰富了枯燥的劳动过程，也增强了劳动过程的幸福感。袁隆平头顶烈日、脚踏稻浪、众里寻株，在普通人眼中是煎熬，在袁隆平眼中却是最幸福的事。人们对客观存在审美对象的认知不同，对客观存在事物、客观经历事情的态度也有所不同。好吃懒做之人在触及家务劳动、洗衣做饭之杂事时会觉得痛苦万分，认为这种事情不该由自己来做；勤劳之人，做饭与家务则成为其享受性劳动。

三、在劳动中创造美

（一）审美增强创造美的能力

树立正确的审美观、提升个体的审美能力旨在创造美。拥有正确的审美观是发现美、欣赏美、体验美的前提，一个能够欣赏美的人不一定能够创造美。创造美离不开劳动实践，创造美的事物、美的价值需要根据美的本质结合劳动实践进行创新。创造美要以人与自然和谐相处为前提，创造美要以人与社会和谐发展为基础，创造美要以人类可持续发展为根本。

（二）人与自然和谐共处创造美

创造美要以人与自然和谐相处为前提。大自然可以通过地壳运动形成一座座绵延不绝的山；可以为人类提供生存所需的自然资源，如水、石油、森林。大自然"爱"人类至深，甚至是无条件地提供资源。人类热爱大自然，愿意为欣赏美景踏遍山川河流，愿意为探寻珍稀动物之美涉足险地，愿意为人与自然和谐相处呼吁全人类的关注。人类所能做的是守住人类创造美的底线，与自然和谐相处。

（三）人与社会和谐共处创造美

创造美是一种社会活动，是在社会性的劳动中实现的。人类在生产劳动创造美的过程中，既依赖自然环境，又改造自然使其具有社会属性。马克思认为，劳动创造了美。人在使自然环境社会化的过程中，创造出一个个人造美的奇迹，如各类建筑物、桥梁、公路等；人在使自然环境社会化的过程中创造了艺术美，如雕塑、绘画、诗歌、乐器、舞蹈、戏曲等。前者注重生活实用性，后者则注重精神享受。这些都体现了人创造美是为了使人在社会化的环境中用发现美、体验美的方式生活。因此，在劳动实践中创造美，要判别所创造美的实质，以人与自然和谐相处、人与人和谐相处、人与社会和谐相处为原则。惟其如此，才能够促进人类可持续发展。

劳动实践

分组跟入校以来班级授课老师说说你的心里话，感谢他们的教诲。

劳动故事

风定池莲自在香——王泽勇同志先进事迹

"书记城里来，满身帮扶经。走村又串户，带来新门路。干得好不好，老少都知晓。要问亲不亲，胜似一家人……"这是普定县化处镇水井村群众自编自唱的布依山歌，被这里乡亲们交口赞誉的书记，正是水井村驻村第一书记王泽勇。

2016年4月，王泽勇作为航空工业和贵州省委国防工委选派的驻村干部，到贵州省普定县水井村担任第一书记。五年多来，他用真心、动真情、出真力，无私奉献为水井村强支部、兴产业、惠民生，得到了群众和组织的认可。2020年，王泽勇荣获"全国脱贫攻坚奖贡献奖"荣誉；2021年，他分别荣获"全国脱贫攻坚先进个人"和"全国优秀党务工作者"称号。

一、面对开始的担心，先从最基础的事情做起

面对一个1070户4080人中就有384户1629人贫困的山村，王泽勇一开始心里也感到有些惶惶不安，他决定从最基础的事情做起。

把基层组织建设好。王泽勇意识到，只有建强基层组织，才能让村里找准发展的"定盘星"，才能让群众找到带领发展的"主心骨"。于是他在村里开展"流动党课进村寨·党的声音进万家"宣讲活动，为村党支部量身定制了村级党支部工作手册，定期组织党员外出考察学习，通过组织院坝会、田埂会等群众会议宣讲党的政策方针。他还通过"将年轻党员培养成致富能手，将致富能人吸引靠拢党组织"的模式抓党组织建设和抓党员思想工作，让党旗在扶贫战线上飘扬。

把环境卫生整治好。在走访中，王泽勇发现村里贫困户中因病致贫的比例较高。有的家庭虽然接通了自来水，但还是习惯从路边的小水井里打水喝，常常是人畜共饮。他深知这种习俗是长时间形成的，于是他从村里35岁以下青年中选出10名代表组成卫生宣传监督小组，对群众的环境卫生意识和健康习惯进行引导。通过不断地宣讲和党员及年轻人示范带头，大家逐渐意识到卫生和健康息息相关，卫生习惯逐渐养成。

把村情民意走访好。自驻村以来，在水井村的田间地头、荷塘岸边，总能看到王泽勇忙碌的身影。驻村三个月的时间，他用脚步丈量了水井村的山山水水，走访了村内的家家户户。村情村貌、农户信息、发展优势、脱贫方案……他了解的不比本村的村干部少。

二、面对群众的疾苦，先从最亟需的事情帮起

翻开王泽勇的民情日记本，上面密密麻麻记满了农户的基本情况、亟需解决的事项。面对群众的疾苦，他先从群众最亟需的事情帮起。

给唇腭裂孩子带去福音。看到先天唇腭裂患儿，作为同是两岁孩子父亲的王泽勇深受触动，于是他上网查阅资料、多方打听救助政策，带着孩子到县卫健委去申请"微笑贵州·唇腭裂行动"名额。多次努力后，终于争取到了三次手术全部免费的救助，直接免除了近 10 万元的医疗费用，这对贫困家庭来说无疑是最大的福音。

唤醒"自闭症孩子"的梦想。16 岁孤儿小周辍学在家，因父亲早亡、母亲失踪，孩子患上了轻微自闭症，与 80 岁的祖母相依为命。了解清楚情况以后，王泽勇找来心理辅导老师为他做心理疏导。考虑到必须有一技之长，才能改变小周的命运，王泽勇又几经周折为他联系职业学校就读，还争取为他免除了全部学杂费，学校安排他空闲时间在食堂帮忙换取免费用餐，并联系该校一热心公益的老师每月资助小周 400 元的生活费。

五年多来，王泽勇联合派驻单位、社会爱心团体到村里的小学、幼儿园进行爱心帮扶，共资助 200 余名贫困学生、留守儿童 10 万余元的物资，为近两年村里考取大学的大学生申请助学金 20 万余元。

三、面对群众的贫穷，先从最关键的事情抓起

水井村依山傍水，窄口水库坐落于此，村子地势平坦开阔、阳光充沛、水源充足……王泽勇心想要脱贫致富必须因地制宜发展产业。

找准发展路子干。对于一个贫困村来说，发展什么产业是脱贫攻坚的关键。为选好适合村里发展的产业，他多方奔走，自费远赴山东、云南等地考察，积极联系相关的技术专家，拜访种植大户，带领村"两委"、村民代表实地参观学习。通过深入调研、咨询专家，他和村"两委"研究提出了"果树上山、香葱进地、莲藕下田、产品加工、乡村旅游"的产业发展之路。

组织动员群众干。思路确定以后，他雷厉风行、说干就干，带领群众办荷花节、搞电商、闯市场，组织群众，充分发挥党员的示范带头作用，大家齐心协力，借助普定县"村村建公司、一村一百万"发展壮大村集体经济的政策机遇，带领村"两委"成立村集体公司，发展茶叶、经果林 1200 亩，莲藕 1000 亩，四季香葱、萝卜、茴香等蔬菜 300 余亩。他多方争取帮扶资金创办村集体荷叶茶、绿茶加工车间，藕粉自动化生产线，连续四年举办荷花旅游节、打造"荷塘夜市"，村民的收入得到了多渠道增长，水井村的旅游收入从以前的零突破到 300 余万元，水井村农特产品销售额也连续三年突破 400 万元，人均收入也从 2014 年的 3821 元增长到 2021 年年底的上万元，整村全部脱贫。

乡村振兴路上接续干。2021 年 6 月，王泽勇在水井村连续三届的第一书记任期已满，他又一次毅然决然选择在乡村振兴路上继续奋斗。为了发挥王泽勇的示范带动作用，组织选派他到普定县挂职县委常委、副县长，负责分管中央单位在普定县的定点帮扶工作。他

到任后与航空工业派驻普定县的 8 名第一书记和驻村干部、4 名支教老师奋斗在乡村振兴一线。他结合之前的驻村经验，在普定县创新了"第一书记服务团"，这一典型案例入选国务院国资委《中央企业助力乡村振兴蓝皮书》，"开展航空科普体系化助力乡村人才振兴案例"荣获农业农村部中国农业电影电视中心乡村振兴品牌组委会授予的"乡村振兴赋能计划社会责任典型案例"。他还助力普定县人民医院创立了肿瘤科和全科医学科，同时，结合他在驻村时打造荷花节的经验，在普定县举办了"四季普定"文旅活动，带动当地增收 1.066 亿元。

风定池莲自在香，王泽勇用他的激情、用他的智慧、用他爱岗敬业无私奉献的精神带领航空工业定点帮扶村的党员、群众在乡村振兴的道路上继续奋进着。

荣获"全国脱贫攻坚贡献奖"的王泽勇在田间地头的身影

参 考 文 献

[1]　陈国维. 学生劳动教育 [M]. 北京：高等教育出版社，2020.

[2]　聂峰. 新时代劳动教育教程 [M]. 北京：电子工业出版社，2020.

[3]　袁国，徐颖，张功. 新时代劳动教育教程 [M]. 北京：航空工业出版社，2020.

[4]　赵鑫全，张勇. 新时代学生劳动教育 [M]. 北京：机械工业出版社，2020.

[5]　刘向兵. 劳动的名义 [M]. 北京：中国工人出版社，2018.

[6]　彭新宇，陈承欢，陈秀清. 职业素养的诊断与提高 [M]. 北京：电子工业出版社，2018.

[7]　檀传宝. 劳动创造美好生活 [M]. 北京：中国劳动社会保障出版社，2019.

[8]　刘向兵. 新时代高校劳动教育论纲 [M]. 北京. 社会科学文献出版社，2019.

[9]　姚裕群. 人力资源开发与管理通论 [M]. 北京：清华大学出版社，2016.